# REPARAN
# ERRORES
# VIDAS PASADAS

CW00687224

Romance del Espíritu

## Antônio Carlos

Psicografía de

## Vera Lucía Marinzeck

## de Carvalho

Traducción al Español:
**J.Thomas Saldias, MSc.**
Trujillo, Perú, Mayo, 2023

Título Original en Portugués:
"Reparando erros de vidas passadas"
© Vera Lúcia Marinzeck de Carvalho , 1992
Traducido al Español de la 10ᵐᵃ reimpresión, 1997

*World Spiritist Institute*
Houston, Texas, USA
E–mail: contact@worldspiritistinstitute.org

# De la Médium

Vera Lúcia Marinzeck de Carvalho (São Sebastião do Paraíso, 21 de octubre – ) es una médium espírita brasileña.

Desde pequeña se dio cuenta de su mediumnidad, en forma de clarividencia. Un vecino le prestó la primera obra espírita que leyó, "*El Libro de los Espíritus*", de Allan Kardec. Comenzó a seguir la Doctrina Espírita en 1975.

Recibe obras dictadas por los espíritus Patrícia, Rosângela, Jussara y Antônio Carlos, con quienes comenzó en psicografía, practicando durante nueve años hasta el lanzamiento de su primer trabajo en 1990.

El libro "Violetas na Janela", del espíritu Patrícia, publicado en 1993, se ha convertido en un éxito de ventas en el Brasil con más de 2 millones de copias vendidas habiendo sido traducido al inglés, español, francés y alemán, a través del World Spiritist Institute.

# Del Traductor

Jesús Thomas Saldias, MSc., nació en Trujillo, Perú.

Desde los años 80s conoció la doctrina espírita gracias a su estadía en Brasil donde tuvo oportunidad de interactuar a través de médiums con el Dr. Napoleón Rodriguez Laureano, quien se convirtió en su mentor y guía espiritual.

Posteriormente se mudó al Estado de Texas, en los Estados Unidos y se graduó en la carrera de Zootecnia en la Universidad de Texas A&M. Obtuvo también su Maestría en Ciencias de Fauna Silvestre siguiendo sus estudios de Doctorado en la misma universidad.

Terminada su carrera académica, estableció la empresa *Global Specialized Consultants LLC* a través de la cual promovió el Uso Sostenible de Recursos Naturales a través de Latino América y luego fue partícipe de la formación del **World Spiritist Institute**, registrado en el Estado de Texas como una ONG sin fines de lucro con la finalidad de promover la divulgación de la doctrina espírita.

Actualmente se encuentra trabajando desde Perú en la traducción de libros de varios médiums y espíritus del portugués al español, habiendo traducido más de 250 títulos, así como conduciendo el programa "La Hora de los Espíritus."

# Índice

# INTRODUCCIÓN

Conocí al Dr. Maurício en un Centro Espírita, una casa anónima, un lugar donde ninguno de sus asiduos cultiva la gloria de la personalidad humana y donde se prestan valiosos servicios. Después de una gran ayuda, en la que durante doce horas seguidas los desencarnados trabajamos en la recuperación periespiritual de innumerables hermanos que estaban esclavizados en el Umbral y se encontraban en terribles estados. Ahora, recuperados, dormían y serían enviados a la Colonia. Este médico, que ama mucho lo que hace, suspiró al terminar de ayudar al último hermano y alzó la voz en una sincera oración:

- "Doy gracias al Señor por la oportunidad de trabajar. Estoy agradecido, Padre, por servir en Tu nombre. y poder curar el dolor, enjugar las lágrimas de los hermanos que sufren, todo lo que hago es un acto de tu bondad, lejos estoy de ser digno de servir en tu nombre, toma, Padre, a favor, mi voluntad y ayúdame para ser un servidor útil. Al final de más ayuda, estamos agradecidos y te pedimos que siempre nos guíes por el camino del bien."

Su semblante, siempre tan agradable, irradiaba felicidad en medio de tanto dolor. El Dr. Maurício es muy conocido en el plano espiritual de la Colonia Sano Sebastian, en los Umbrales, en los Puestos de Socorro de la región y también por los encarnados que frecuentan el laborioso Centro Espírita. Trabajaba las veinticuatro horas del día con una alegría infinita. Los que sufren, cuando lo ven, fijan en él sus ojos desesperados, como los sedientos en un vaso de agua. Es alto, esbelto, pelirrojo, con pecas adornando su rostro, labios gruesos, donde una sonrisa radiante y franca es constante. Los ojos son de color verde brillante, con una expresión amable que demuestra toda la alegría de vivir en el servicio.

- Antônio Carlos - dijo - esperamos contar siempre con tu colaboración. Seguro que hubiésemos tardado más tiempo en esta delicada labor, sin tu valiosa ayuda. Aunque sé que te esperan otras tareas, siempre es un placer tenerte con nosotros.

- Maurício, veo cómo es amado por todos a su alrededor. ¿Has estado trabajando en este lugar durante mucho tiempo?

- Hace tiempo que estoy desencarnado, trabajando en el plano espiritual. Años estuve en el espacio espiritual de la ciudad donde viví mi última encarnación. Cuando se formó este grupo, Centro Espírita, en busca de otras formas de trabajo, emigré. Aquí estoy, tratando de servir con mis simples conocimientos de medicina.

- La medicina debe ser tu gran ideal, ¿no?

- Leer lo que está escrito allí.

Me mostró una tabla de madera grabada que adornaba la pared: "Alabado sea el Señor por las oportunidades para corregir nuestros errores."

Con su sonrisa constante, prosiguió Maurício, después de una pequeña pausa.

- ¿No es maravilloso que quien se sirvió de un ideal para hacer el mal, sembrar el dolor, se equivocó, pueda, despierto al entendimiento, sanar el dolor, sembrar la alegría, hacer el bien con el mismo instrumento que utilizó para cometer sus errores?

- ¡Hum...! Como soy aficionado a las historias, me dio curiosidad. ¿Qué esconde esa sonrisa, Dr. Maurício? Si con mi ayuda, como dije, el trabajo se terminaba antes de lo previsto, podríamos sentarnos en el jardín y, bajo las estrellas, contar tu historia.

- ¿Estás seguro que lo quieres? Mira, podrías enfadarte. Prométeme, entonces, que si no estás interesado, me interrumpirás. Siempre nos mueve nuestra propia vida. ¿Quién no tiene nada que decir?

Salimos del Centro Espírita, donde los encarnados ven un pequeño salón con sillas, una mesa y la salida a un espacio abierto. Es guía espiritual en el Centro Espírita e instructor en una escuela en la Colonia San Sebastian. La imagen en el plano espiritual está escrita en tres idiomas: portugués, hindi e indio antiguo.

Lugar tranquilo donde el cielo parece estar más cerca de nosotros. De forma espiritual, junto al Centro Espírita, existe una pequeña Mesa de Ayuda, en el espacio abierto, un jardín sencillo, con bancas, donde los trabajadores desencarnados del lugar descansan y se reúnen para conversar. Nos sentamos y, ya curioso, pregunté:

- Dr. Maurício, usted ahora es un gran curador de dolores, pero ¿qué hacía en el pasado? ¿Tuvo su historia episodios tan espantosos?

- ¡Cielos! - Exclamó, riendo -. Recordar el pasado y ver innumerables errores no es fácil, a menos que, a través de ellos, aprendamos a acertar.

- Yo sé eso. Una gran parte piensa que solo es desencarnando que el pasado sale a la luz. Para recordar, necesitamos un proceso especializado y una ayuda eficiente. No todo el mundo es capaz de recordar su pasado, existencias anteriores. El pasado es nuestra herencia, está en nosotros. Se acuerdan de aquellos que son lo suficientemente maduros para no ser perturbados y que pueden, sabiendo, servir para su mejoramiento. Los capaces recuerdan, encarnados o desencarnados.

- Tantas veces, Antônio Carlos, pensamos que Dios es injusto con nosotros por tantos sufrimientos inexplicables, los grandes dolores que nos aquejan. Sin embargo, los dolores son nuestra cosecha y no sufrimos ni un minuto más de lo que somos capaces de soportar. El sufrimiento es un despertar. Cuando nos despertamos, aparece la oportunidad de reparar. Estoy feliz, reparo fallas.

# PRIMERA
# PARTE

# Maurício

En mi última encarnación, en la que recibí el nombre de Maurício, viví en el interior del Estado de São Paulo. Yo era el sexto hijo de nueve, mis padres eran agricultores ricos, cafetaleros. Desde pequeño me interesé por los estudios, superando incluso a mis hermanos mayores. "¡Quiero ser un doctor!" - decía siempre y mis padres asentían, felices.

Teníamos muchos esclavos en la finca, que eran tratados como empleados, vivían bien, no había castigos. Pero a mí no me interesaba la finca, ni la política, ni los esclavos, aunque pensaba que era una gran injusticia social tenerlos. Solo pensaba en estudiar y lo hacía con gusto, leyendo mucho. Yo era el único en mi casa que leía la vasta biblioteca de mi padre.

Todavía adolescente, mi padre me llevó a estudiar a la capital del país, Río de Janeiro. Se quedó conmigo hasta que arreglamos todo y luego volvió, dejándome alojado en una respetable pensión, cerca de la Facultad de Medicina, donde viví durante los años que estudié allí.

Estudiar era mi mayor alegría y placer. Se sentía cómodo, y realmente lo estaba, recordar el aprendizaje. Tenía un gran interés por todo, aprendiendo rápido. Los profesores me elogiaban y los compañeros de clase siempre pedían ayuda, lo cual hacía con sencillez.

Me gustaba Río de Janeiro, que en el siglo anterior era apacible, pero amaba el interior, su paz, su belleza, sus campos y plantaciones, anhelaba terminar sus estudios y regresar. Rara vez salía a caminar con colegas, prefería leer artículos recientes sobre medicina de Europa, pasando mucho tiempo en mi habitación espaciosa y ventilada. A veces iba a fiestas de estudiantes, teniendo algunos coqueteos, sin citas, porque pensé que podría interferir con mis estudios. Siempre escribí a mis padres y hermanos. Al final del año, volví a la finca, donde descansé y mi madre siempre me encontró bajo de peso y me alimentó bien. Mi padre tenía una linda casa en la ciudad cerca de la finca, pero yo prefería pasar mis vacaciones en la tranquilidad del campo.

La esclavitud empezó a molestarme, los grupos de estudiantes exponían sus ideas, escuchaba hechos sobre los esclavos que me enfadaban. No entendía por qué subyugar a una raza porque su piel era negra. Quería que los esclavos fueran liberados, pero los abolicionistas casi siempre se involucraron en política, iniciando muchas discusiones, que casi siempre terminaban en agresión. Yo no pertenecía a ningún grupo, pero era amigo de los abolicionistas y siempre aportaba parte de mi mesada para que escondieran a los negros o los compraran y manumisionaran. Para mí eran y son todos iguales, blancos y negros, todos futuros clientes. Pasé los años de estudio soñando con graduarme, y cuando lo hice, era el más joven de mi clase, sentí una felicidad enorme. Mis padres y cinco hermanos vinieron a mi graduación, que fue una fiesta hermosa. Regresé feliz y resuelto a trabajar. De uno de los cuartos de nuestra casa en la ciudad hice un pequeño consultorio y pronto me hice amigo de los dos ancianos médicos de la ciudad. "¡Estos dos colegas están desactualizados, necesitan estudiar!" - Exclamé.

Pero pronto entendí que era mucho trabajo para unas pocas optativas, sin dejar tiempo ni siquiera para el descanso, más aun para una especialización. En ese momento, el médico, principalmente del interior, acudía a los domicilios de los pacientes, ocupando gran parte de su tiempo. Los enfermos del campo tenían que venir a la ciudad y no tenían donde quedarse.

"¡Cómo necesitamos un hospital aquí!" - Exclamaba siempre.

Y Rosa, una sirvienta de mi casa, me dijo un día:

- ¿Por qué no haces uno?

- ¡Un hospital! ¡Eso! ¿Por qué no?

Alquilé una casa muy grande y bien ubicada de un señor en bancarrota y organicé mi práctica allí. Rosa y Pedro, un matrimonio de mediana edad, sin hijos, que me querían mucho, criados en mi casa, con permiso de mi madre, vinieron a ayudarme. Los puse en la parte de atrás y con los años nos hicimos grandes amigos. De las muchas habitaciones de la casa, hicimos cuartos; hice una sala de operaciones de una de las habitaciones, donde podía operar. Se sentía como un sueño. Inauguré mi pequeño hogar-hospital, estaba feliz, trabajé mucho, siempre estaba organizándolo, acomodándolo y fue un éxito en la ciudad. Incluso mis colegas, los viejos médicos, me enviaron enfermos y algunas veces vinieron a ayudarme.

Eran los pobres los que más me buscaban en el hogar-hospital, los que no tenían dónde quedarse ni cómo pagar.

Si ellos estaban satisfechos, mi padre no lo estaba.

- Maurício, tú llenas esa casa de pobres, yo no te entrené para eso, pensé que serías como los demás médicos.

Realmente quería que yo fuera importante, cuidando a los ricos. Pensé que lo que estaba haciendo era una locura, no ganar nada, ni siquiera para mi sustento. Me apoyó, pagó el alquiler de la casa, los empleados. Cuando se emocionaba más, mamá lo calmaba.

- ¡Calma, calma! Maurício es joven, idealista, pronto se cansa, es un buen médico, todos en el pueblo ya lo están buscando.

Papá suspiró, recordando los elogios que había escuchado sobre mí como médico.

- Quizás tengas razón.

De hecho, atendí a todos, atenta, ganándome la confianza incluso de los dos médicos que comenzaron a enviarme a sus clientes más serios. Serví a todos por igual, a los hacendados, a sus familias y a sus esclavos, ricos y pobres. Pero no fui a sus casas, solo en raras excepciones, a los ricos no les gustaba ir al hogar-hospital, como llamaban a mi oficina.

Todo lo que ganaba era para mi oficina, compraba medicinas, equipos, lo que creía necesario. Pero recibía poco, muchos no podían pagar, y de otros, principalmente de los colonos, recibía puercos, gallinas, frijol, arroz, que se consumía en la casa.

Mis hermanos ya estaban casados y la familia iba creciendo, teniendo sobrinos ya mayores. Fue entonces cuando Helena, una niña de entre quince y dieciséis años, hija de mi hermana mayor, quiso ayudarme en el hospital.

- Tío - dijo emocionada - ¡déjame ayudarte! Podría hacer muchas cosas, puedo ayudar a la gente, hacer expedientes, dar medicamentos. ¡Déjame! No sé por qué las mujeres no pueden ser doctoras. Me gustaría mucho.

- Yo tampoco lo sé, sin duda serías un gran médico, Dra. Helena. Me encantaría que vinieras a ayudarme, realmente necesito ayuda. Si tus padres te dejan...

Helena se saltó y ese domingo por la tarde, cuando nos reuníamos en casa de mis padres, se desató una discusión, unos a favor, otros en contra. Pero mi cuñado acabó autorizándolo y, al día siguiente, Helena estaba en nuestro mini hospital.

Mi sobrina era preciosa, cabello castaño, facciones delicadas y grandes ojos azules. Inmediatamente iluminó la habitación con su sonrisa, infantil y espontánea, era como una flor para decorar. Inteligente, aprendió rápido, ayudándonos mucho, organizando todo, haciendo balance de gastos y orientando las compras.

Me acostumbré tanto a su presencia que deseaba verla llegar, escucharla reír. Un día, enferma de una simple gripe, no vino, la extrañé tanto que descubrí que la amaba.

- ¡Dios mío, esto no! ¿Cómo puedo amarla? ¡Es mi sobrina! ¡Así que niña!

Escondí este sentimiento, avergonzado. Para Helena, yo era el tío amado a quien ella admiraba mucho. Después siempre me contaba sus sueños, que era casarse y tener hijos, muchos hijos que cuidar. En caso que llegara a amarme, no podría cumplir sus sueños, como tío y sobrina el riesgo sería grande de tener hijos defectuosos.

Después, para la familia sería una calamidad, una tragedia, en la que no valdría ni la pena pensar.

No le dije a nadie y tenía miedo que alguien sospechara. Pero Rosa, la dulce amiga, sin ir directamente al grano, siempre me llamaba a la razón y me consolaba.

A veces me llenaba de esperanzas y pensaba que era correspondido. "¿Será que Helena también me ama?" Por más que traté de adivinar los sentimientos de Helena, no descubrí nada. De razón, sentía su cariño como una sobrina; de corazón, quería que me amara. Me reconfortaba el corazón solo verla todos los días, trabajaba feliz.

Pero cuando cumplió dieciocho años, su padre le encontró novio. Era un buen chico de una familia amiga. Me sentí muy celoso, incluso pensé en escaparme con ella. Estuve a punto de hablar de mi amor, pero me faltó coraje.

- ¿Y si ella no me ama? ¿Si le dices a todos? Es mejor callarse, soy un tío... Siento que no me quiere.

Sufrí mucho. Un día Helena llegó triste.

- Tío, fijaron la fecha de mi boda, solo vendré a ayudarlo esta semana, Luís no quiere que salga de casa después de casarme.

- Estás triste, Helena, dime qué te pasa. ¿No quieres casarte? Si puedo ayudarte, lo haré. Si no quieres este matrimonio, encontraré la manera – pregunté preocupado.

Si tan solo ella fuera feliz, me conformaría. Si ella no quería casarse, haría cualquier cosa por ayudarla, esperaba ansioso la respuesta.

- No es por eso que estoy triste tío, de verdad creo que me tengo que casar. Luís es un buen chico, me quiere mucho. Casada, tendré a mis hijos, los hijos que tanto deseo. Me aburro con este prejuicio. ¿Por qué no puedo salir de casa para venir a ayudarte? Me gusta mucho trabajar aquí, por primera vez me sentí útil. Me hubiera gustado haber nacido en otra época, una que no tuviera a las mujeres bajo tanto control. Quería estudiar, ser médico como tú. Pero...

Se secó las lágrimas y se fue, me sentí muy triste, sería difícil acostumbrarme sin ella allí. Pasó rápidamente una semana, Helena ya no venía... El trabajo aumentó, esto me hizo olvidar mi sufrimiento.

En la víspera de su boda hubo un incendio en una casa, con muchos heridos, que fueron trasladados a mi hospital, no fui a la boda de Helena. Sufrí mucho, a veces me enfadaba conmigo mismo por no haberle dicho mi amor, cuando tranquilamente pensaba que había hecho lo correcto. Me alegré cuando vi a Helena feliz, siempre sonriente y a Luís bueno y amable. Pronto, muy contenta, me dio la noticia:

- Tío, voy a ser madre. ¡Estoy tan feliz!

Decidí tratar de olvidarlo. Como el trabajo era demasiado, no pude disfrutar de esta decepción, pensé menos en ella y pasó el tiempo.

Yo era el único en casa, mis padres también soñaban con verme casado. Me presentaron a chicas y más chicas con la esperanza que me gustara una. Pero ni siquiera pensé en esta hipótesis, decidí quedarme soltero. Empecé a sospechar que planeaban casarse conmigo, cuando toda la familia comenzó a elogiar a una chica de familia en nuestro círculo de amigos.

"Maurício necesita conocer a Maria das Graças, es un ángel."

"Maria das Graças es educada, bonita..." Todos la elogiaban, parecía la chica perfecta. Solo iba a casa a comer y a dormir y cuando había mucho trabajo hizo esto allí mismo en el hospital. Pero los domingos para mis padres era sagrado, la familia se juntaba a almorzar. Siempre traté de ir, porque sabía lo importante que eran estas reuniones, nos conocimos, hablamos, fue lindo volver a ver a todos.

El domingo, como siempre, me levanté temprano para estar en casa a la hora de comer. Atendí a todos mis clientes y regresé a casa, me fui a mi cuarto a bañarme, cuando entró mi vieja enfermera y me dijo:

- Mi doctorcito, su padre dispuso casarlo con la señorita Maria das Graças. Prepárate...

- Shhh... bueno, lo sospechaba, pero no pensé que me comprometería sin consultarme. ¿Qué hago? Ni siquiera la conozco ni recuerdo haberla conocido. Si ya acordaron, el almuerzo se calentará. ¡No me voy a comprometer!

Estaba nervioso, inquieto, fui a la sala donde me presentaron los invitados, doña Etelvina y su hija Maria das Graças. El marido de doña Etelvina ya había fallecido, había sido un gran amigo de mi padre, tenían tres hijos, el mayor vivía lejos, trabajando en una hacienda que había heredado, Maria das Graças y Leônidas, enfermo mental, mongoloide.

- Un placer... encantado - dije suavemente, besando las manos que se extendían hacia mí.

Analicé a Maria das Graças, elegante, educada, tenía diecisiete años, una morena clara, una chica sin grandes atractivos, aunque no era fea. Todos se empeñaron en empujarme hacia ella, mi padre la llamaba su hija y, por las miradas que intercambiaban mis familiares, estaba seguro que mi antigua niñera no se equivocaba, querían casarla conmigo.

Comí un almuerzo tranquilo, decidí terminar todo antes de comenzar. Apenas terminamos de almorzar, me levanté e invité a Maria das Graças:

- ¿Quiere dar un paseo por el jardín señorita Maria das Graças?

- Acepto.

Cortésmente la ayudé a levantarse y salimos de la habitación. Todos nos miraban felices y, mientras me iba, escuché los comentarios:

"Qué hermosa pareja hacen." "Estaban hechos el uno para el otro."

Caminamos alrededor de los macizos de flores en silencio durante unos minutos, pensando que no debía demorarme más, me armé de valor y fui directo al grano.

- Señorita Maria das Graças, ¿sabe que planean casarnos?

- Sí - respondió ella tímidamente.

- Lo siento, actúan como si no estuviéramos interesados en el caso. Planifican sin consultarnos. No estoy de acuerdo, no me gustan los matrimonios concertados. Por favor, señorita, no se sienta comprometida conmigo.

- Pero acepté - dijo, mirándome -. Pensé que también estabas de acuerdo. Creo que eres amable, un médico con un futuro brillante, nuestras familias son amigas.

- No tendré un futuro brillante. Amo la medicina y solo la serviré. Vivo por un ideal, para curar el dolor. Lamento, señorita, que haya accedido, no se ofenda; no es por ti, no quiero casarme. Eres hermosa, dotada, mereces casarte con alguien mejor que yo y que te ame.

Maria das Graças se sonrojó, sus manos temblaban mientras arrancaba una pequeña flor y luchaba por decir.

- Si crees que soy hermosa, dotada, puedes amarme. No perturbaré tu trabajo, incluso puedo ayudarte. Te amo.

Me sorprendió, traté de ser amable, después de todo no era culpa de ella que me quisiera, nos habíamos visto tan poco. Me acordé de ella cuando la vi, ya la había visto por la ciudad, no me llamó la atención y hasta se me olvidó. Pero no tenía ganas de casarme y preferí ser honesto y terminar ahí el tema del matrimonio.

- Disculpe, pero el matrimonio no es parte de mis planes. Lo siento, ya he decidido quedarme soltero.

- ¿Usted ama a alguien?

- No.

- Entonces espero.

Bajó la cabeza impidiéndome mirarla, sentí que estaba sufriendo.

- ¿Nosotros regresamos? - la invité, ansioso por librarme de aquella desagradable situación.

Silencio, volvimos. Maria das Graças entró en la habitación e invitó a su madre a salir. Doña Etelvina debió conocer bien a su hija porque se levantó y fue a despedirse.

Maria das Graças se apresuró y se fueron. Mi padre me miró nervioso.

- ¿Qué pasó Maurício?

- Nada. Solo le dije que no me casaría, no me caso con nadie, cuando me quiero casar elijo a la novia.

- ¡¿Tú?!

- Se desmayó.

Fue un apuro, temí haberlo matado. Me di cuenta que había lastimado a mis padres, los amaba, los respetaba, pero casarme era demasiado. Más aun porque amaba a Helena, y ella se acercó a mí, lentamente pasó sus manos por mi cabello y dijo:

- Tío Maurício, sé fuerte, pronto pasará la tormenta.
Estoy de tu lado, lo entiendo.

Le sonreí en respuesta, nada me haría aceptar a una extraña como mi esposa.

Papá pronto volvió de desmayarse y me echó de la casa gritando, haciendo llorar a mamá gritando.

Empaqué mis maletas y fui a mi hospital, donde me instalé y viví allí. Mi padre ya le había pedido a doña Etelvina la mano de Maria das Graças, se sentía amargado por haber faltado a su palabra, su ira no se apagó con mi expulsión. Repartió toda su fortuna entre mis hermanos, desheredándome.

La situación en el hospital se agravó sin la ayuda de mi padre. Tener que pagar el alquiler, los empleados, el dinero no era suficiente, comencé a ahorrar en todo lo que podía y lamentablemente me encontré con que no sería capaz de mantener el hospital. Llamé a Rosa y Pedro.

- Nuestra situación es grave, no puedo pagarles como antes y...

- Aquí tenemos comida y abrigo, la mala situación pasará. Dios ayuda a los que ayudan a tantos - dijo Rosa.

- Dr. Maurício, no tenemos hijos y nos gusta estar aquí, nos quedamos con usted, cuando nos pueda pagar - dijo Pedro.

- Gracias, son excelentes personas. Trabajan tan duro y ganan tan poco.

- ¿Ganan? ¿Está obteniendo ganancias? No me diga. ¿Por qué no podemos ser como tú?

- Ustedes son mis mejores amigos, aquí siempre tendrán su hogar.

Apenas salí del hospital, ninguno de mis familiares vino a hablar conmigo, me enteré por amigos que tenían prohibido verme. Me sentía triste, nostálgico, no quería rencores y extrañaba el cariño de mi madre.

Pasaron tres meses, estaba pensando seriamente en cerrar la casa, las deudas se acumulaban. Fue en ese momento que un niño negro de trece años ingresó en el hospital, con el cuerpo cubierto de heridas. Para deshacerse de él, sus amos lo liberaron, dejándolo libre en ese triste estado. Lo examiné detenidamente, incapaz de diagnosticar la causa de las llagas. Cuando ocurrió este hecho, me quedé quieto, medité y pedí ayuda al médico de los médicos: Jesús. "Es sarna, complicada por una alergia, no es grave" - me instruyeron.

Separamos a Miguel, como se llamaba el niño, y lo tratamos con baños, hierbas, remedios caseros y buena comida, se mejoró. Miguel era inteligente, bueno y nos cautivó. Curado, se quedó con nosotros, siendo como el hijo de Rosa y Pedro. Empezó a ayudarnos con los deberes, en momentos difíciles, recibiendo vivienda y comida. Cuando pude, pagué un pedido.

En este tiempo de dificultad sufrí mucho, no quería dejar de atender a mis pobres pacientes y no sabía cómo mantener mi pequeño hospital.

Una mañana, Rosa encontró un sobre debajo de la puerta principal del hospital.

- Dr. Maurício, mire lo que encontré debajo de la puerta, ¡es dinero! - Dijo, eufórica.

Lo tomé, lo abrí y efectivamente contenía dinero, lo conté.

- ¡Gran ayuda! ¿Quién nos lo enviará?

- ¡Un alma buena! Una persona amable que conoce nuestras dificultades - exclamó feliz Rosa.

Llegué a la conclusión que debía ser una muy buena persona que quería ayudarnos sin ser reconocido.

El dinero nos ayudó mucho, pagué las deudas más urgentes. Y la sorpresa fue enorme cuando, al mes siguiente, apareció otro sobre, con la misma cantidad. Era un sobre ordinario, ligeramente perfumado, como el otro, sin nada escrito. Todos los meses, entre el tercero y el quinto, encontrábamos debajo de la puerta el dinero que tanto necesitábamos. Entonces, con estas amables donaciones, no cerré el hospital. Con ahorros, deshaciéndome de muchas cosas, logré cumplir con todos los que vinieron a nosotros. Empecé a imaginar que Helena sería la autora de las donaciones. "Debe ser ella, conoce nuestras dificultades porque trabajó aquí. No se ha olvidado de nosotros y quiere ayudarnos. ¿Es realmente así?" pensé. "Ella vive tan bien con su esposo y es madre de un niño hermoso..." Evité pensar en ella, ocupé mi mente en el trabajo, cuando tenía tiempo, estudiaba mis notas y mis libros de la Facultad. Extrañaba la casa de mis padres, ellos, mis hermanos, sabía que mamá sufría con mi expulsión. Un día me sorprendió la grata visita de mi madre.

- ¡Maurício, hijo mío, te extraño mucho! - Nos abrazamos.

- Mamá, ¿estás enferma?

- No, vine solo a verte, no podía soportar extrañarlo y bendecirlo.

- ¿Papá lo sabe?

- No. Lo que pasó me puso muy triste. Y, aunque él no habla, su padre también. Hijo mío, ¿por qué no hacen las paces? ¿Por qué no te vas a casa? Pídele disculpas y todo estará bien.

- Pero ¿él no querrá casarme?

- No, creo que tu padre también aprendió su lección, no puedes obligar a nadie a casarse.

No pudiendo demorar, mamá se despidió dándome un beso.

- Mamá, me voy a casa esta noche. Me arrepentí de haberme mudado de casa, fui expulsado, desheredado, pero tenía que entender eso, era hora que se me pasara la ira de mi padre.

Inmediatamente después de la cena, me preparé para irme.

- Después de todo - me consoló Rosa - lo peor que puede pasar es que te vuelvan a expulsar.

- No tengo ninguna razón para no intentarlo. No quiero alejarme de ellos.

Con el corazón acelerado llamé a la puerta, contestó el sirviente, pedí que me anunciaran. Esperé ansioso, los minutos parecían horas y con alivio escuché:

- Puede pasar, señorito, los amos están en la sala.

Emocionado, entré en mi antiguo hogar. Mis padres estaban sentados uno al lado del otro. Observé a mi padre, estaba triste, con el pelo más blanco. Me arrodillé a sus pies, tomé su mano, la besé y las lágrimas rodaron por mi rostro.

- ¡Perdón, padre mío, bendíceme!

Nada respondió, me miró durante un largo rato, luego extendió los brazos, abrazándome con fuerza.

- Mocoso terco. ¡Dios le bendiga!

Mamá lloró, los tres lloramos y nos reconciliamos. Aunque nos reconciliamos, no volví a casa, comencé a asistir a reuniones dominicales, fiestas familiares. Todos estaban felices, mis hermanos estaban en paz y unidos. Empecé a ver a Helena, que tenía su segundo hijo.

# El matrimonio

Han pasado tres años desde el día en que me negué a casarme y fui expulsado. Era Nochebuena y nos reunimos todos en la finca para celebrar. Los niños armaron tremendo alboroto, los sobrinos llenaron la casa. Los adultos estaban esparcidos hablando, buscando lugares frescos, ya que el calor era sofocante.

Mi tío acababa de llegar y dejar el carruaje en la puerta, cuando escuché gritos y el ruido del carruaje. El hijo mayor de Helena había subido al carruaje, soltando los caballos que, asustados por los gritos y el ruido, habían corrido por el jardín. La masía era muy grande, rodeada de jardines y patios. El carruaje corría alocadamente entre los macizos de flores, dando la impresión que se iba a volcar. Como los caballos no encontraban la salida, simplemente deambulaban por el jardín.

Helena corrió desesperadamente contra el carruaje, tratando de detenerlo. Los caballos la pisotearon. Todo sucedió en segundos, los empleados y esclavos corrieron y detuvieron los caballos y al niño no le pasó nada. Corrí hacia Helena y cuando la vi me di cuenta que su estado era grave. La tomé en mis brazos y la llevé adentro, colocándola sobre la cama.

El sangrado fue fuerte, Helena estaba herida en la cabeza. Empecé a restañar las heridas. Su esposo lloraba desesperadamente, la confusión era grande. Sabía que no podría salvarla, pero luchó desesperadamente contra la muerte. La vieja enfermera me trajo sales caseras que le hice respirar. Helena abrió los ojos y llamó a su marido.

- Luis...

- Estoy aquí, Elena.

- Nuestros hijos... cuida... de ellos...

Dejó caer la cabeza y desencarnó. No pude controlarme y lloré en voz alta sosteniendo sus manos. Mamá me abrazó y me apartó de ella, trató de consolarme.

- La medicina fue ingrata contigo, mi Maurício, no pudo salvarte. Estás llorando por esta razón, ¿no es así? Se dedica tanto y, de repente, se da cuenta que la vida es un regalo de Dios.

- ¡No pude salvarla, mamá! ¡No pude!

- Un médico no tiene el don de la vida, suaviza el dolor, acaba con muchos de ellos, pero la muerte es para todos.

- ¡Joven y tan hermosa!

Nuestra Navidad ese año fue triste, todos sintieron la muerte física de Helena. Para mí, fue desesperante, sentí que una parte de mí había muerto junta. "Medicina, ¿valió la pena dedicarle tanto tiempo a una ciencia?" - pregunté amargamente -. "Sabemos tan poco, yo sé tan poco."

Estuve tres días en casa de mis padres, triste, desanimado, no pensaba ni en mis clientes ni en el hospital. Rosa vino a llamarme.

- Necesitamos al médico. ¡Por favor, ven!

Lentamente, sin coraje, la seguí y me esperaba una señora llorando, había traído a su hijo de nueve años con un gran corte en la pierna, que se lesionó con un hacha mientras trabajaba. El chico, pálido, me miró suplicante.

- Me duele mucho, doctor.

Eso fue suficiente para llamarme de vuelta a mis responsabilidades. Yo sufrí, pero muchos otros sufrieron y dependieron de mí para acabar con su dolor. Al poco tiempo, el niño se hizo el vendaje y me dijo aliviado:

- ¡Ya no duele! Gracias doctor, gracias - Su madre agradeció:

- ¡Yo sé de tu dolor, pero no sabes lo que es ver a tu hijo herido, sangrando y sin saber qué hacer y sin dinero! ¡Dios lo bendiga!

Se fueron, me quedé solo, miré el crucifijo que decoraba el camerino. ¡Ay, Jesús mío! Debe haber tenido motivos para llevarse a Helena. Si me dejó aquí en la Tierra, no fue por pena.

Iba a ver a mis pacientes, trabajando como siempre, y pensando en cómo sobrevivir me preocupaba: "Y ahora, ¿qué haremos sin el dinero de Helena?"

Pasaron los días y en el cuarto estaba el sobre con el monto del ahorro.

"¡El sobre con el dinero! ¡Así que no fue Helena! ¿Quién podría ser?" - Yo estaba intrigado. Pensé y llegué a la conclusión que no podía haber sido Helena, ella no era lo suficientemente rica para tener esa cantidad sin que su esposo lo supiera. Porque si Luís lo supiera, no necesitaría enviarlo escondido. Sentí, en su desencarnación, que Helena ya no pensaba en su trabajo en el hospital y que amaba a su esposo. Fue en él en quien pensó y en sus hijos, cuando sintió que iba a desencarnar. Ella era, después de todo, solo mi sobrina y ahora, habiendo recibido el sobre nuevamente, se comprobó que ella no era la persona que nos había ayudado en todos estos años a permanecer en el anonimato. "¿Quién sería? ¿Quién me ayuda? ¿Y por qué?"

Pensé en un plan para averiguarlo. El dos del mes siguiente llamé a Miguel.

- Miguel, presta atención, debes averiguar quién nos envía estos sobres. Permanecerá escondido toda la noche, no duermas y no le digas nada a nadie.

Si ves a la persona, no hagas ruido. Ella no podrá verte. Quiero que me digas quién eres. ¿Bien?

Dispusimos un buen escondite para Miguel, desde donde, sin ser visto, pudiera ver a todos los que se acercaban a la puerta. Me fui a dormir ansioso. Esa noche, nadie trajo el sobre. Hice que Miguel durmiera todo el día para velar por la noche.

"No se preocupe, doctor Maurício, voy a averiguar quién trae estos sobres", dijo el hijo adoptivo de Rosa, todo importante. Otra noche de ansiedad; sin embargo, al día siguiente temprano:

- Dr. Maurício, aquí está el sobre y la noticia.

- Hablar pronto. ¿Viste quién era?

- Si. Era el viejo Geraldo, esclavo de doña Etelvina, lo vi bien y lo conozco.

- ¡Doña Etelvina! ¡Maria de Gracias! Miguel, no le digas a nadie, de lo contrario lo mando lejos.

- ¡No hablo, Virgen María! El médico manda, yo obedezco. ¿A dónde voy si el médico me da de baja? ¡No hablo!

- Puedes ir chico, vete a dormir. Confío en ti.

Pasé días pensando en Maria das Graças, debe haber sido muy amable. En lugar de odiarme, me ayudó en silencio. Siempre que podía iba a misa los domingos, y esa semana iba con la esperanza de verla. Ella estaba allí, lo interesante es que la encontré muy hermosa. Llevaba un vestido rosa muy elegante, la miré muchas veces, notando que la miraba, se sentía avergonzada.

Ese domingo, mientras nos reuníamos para almorzar, mamá me aconsejó:

- Maurício estás pasando la edad para casarte, no moriré tranquila conociéndote solo, ojalá tuvieras una esposa que te cuidara, eres tan descuidado. Mira a tus hermanos, todos casados, con hijos, hasta nietos. ¿No quieres tener hijos, Maurício?

Pensé mucho en lo que decía mi madre, me gustaría tener hijos, una casa, y terminé pensando en Maria das Graças. "Después de todo, Maria das Graças es rica y no tendré que mantenerla. Si me ha estado ayudando, ciertamente seguirá haciéndolo después que nos casemos. ¿Pero todavía me quiere? ¿Realmente me ama?" ¿A mí? ¿O ella me ama? ¿A mí?

- ¿Está hablando solo, Dr. Maurício?

- Rosa, ¿crees que debería casarme?

- Creo que deberías, Doña Maria das Graças es una buena persona.

- ¿Cómo sabes que estaba pensando en ella?

- No podía ser otra que la amable señora que nos ha apoyado.

- ¿Será que no está comprometida?

- Lo averiguaremos muy pronto. ¡Miguel!

Unas horas después, Miguel regresa con la información.

- Dr. Maurício, usted sabe lo inteligente que soy, descubrí todo sin levantar sospechas. La niñera de Doña María das Graças se llama Ana, dijo una parte y yo escuché aquí, pregunté allá y...

- Miguel, habla pronto - le dije, ansioso -. ¿Está comprometido o no?

- No, doña Maria das Graças ya rechazó dos propuestas de matrimonio, no sale con nadie, sale poco, va mucho a la iglesia y se ocupa sola.

- ¡Gracias, Miguel! Decidí acercarme a ella. Rosa me hizo un hermoso ramo de flores, que recogió de nuestro jardín, y le escribí una nota con las palabras:

*"Señorita María de las Gracias*

*Acepta estas humildes flores, que te envío desde mi corazón. Te pido que me recibas el sábado para una visita.*

*Gracias. Maurício."*

Miguel fue a entregarlos y pronto vino con la respuesta: Dr. Maurício

*"Las flores son hermosas. Gracias.*

*Espero que vengas a cenar con nosotras el sábado a las seis.*

*Maria de Graças."*

- ¡Viva! ¡Viva! - Exclamé feliz -. Ella aceptó, creo que puedo esperar.

Rosa me ayudó arreglando mi mejor ropa. Desde que me fui de casa no compré más ropa y la que tenía era vieja. Me arreglé como pude y a las seis estaba llamando a la puerta de doña Etelvina.

Doña Etelvina y Maria das Graças me trataron bien y pronto me sentí a gusto, la cena estuvo deliciosa y hablamos mucho, sin mencionar el episodio desagradable en el que me negué a comprometerme. Encontré a Maria das Graças muy agradable y dulce. Al despedirme le pedí permiso para acompañarla a misa al día siguiente.

- Dr. Maurício - dijo - aquí, cuando una chica va a misa con un chico, todos dicen que están comprometidos.

Sonreí, armándome de valor, y respondí:

- ¿Te importa? ¿Tienes novio? Yo tampoco estoy comprometido. No puedo ocultar que estos comentarios solo me traerían placer - Maria das Graças se sonrojó.

- Recógeme a las ocho.

- Seré puntual.

La acompañé y después de la misa quedamos felices conversando frente a la Iglesia, como era costumbre en esa época. Luego la acompañé a su casa. Disfruté mucho hablar con ella, Maria das Graças era inteligente y discreta.

Los comentarios fluían mucho, ya en el almuerzo todos sabían y ya nos consideraban comprometidos. Mi padre me miró y me preguntó:

- Maurício, fue expulsado, nos dio un disgusto enorme cuando insistió en no casarse, ahora, espontáneamente, la vas a buscar. ¿Me puedes explicar qué te pasa?

- Estuve pensando mucho y entendí que tenías razón. ¿Dónde encontrar una mejor esposa?

Por la tarde fui a verla, charlamos animadamente en el salón de su casa, siempre con Ana, su niñera, a mi lado. Al despedirme, besé sus manos.

- Maria das Graças, ¿quieres salir conmigo? No sé cómo pude haber sido tan tonto y ciego. Perdí mucho tiempo. Eres tan hermosa...

- Sí - respondió feliz.

Nuestro noviazgo agradó a todos y dos meses después, en una gran fiesta, nos comprometimos. Mi padre, como ya había repartido las fincas a mis hermanos, no me pudo volver a hacer heredero. Sin embargo, compró la casa que alquiló y me la regaló, así como su casa en la ciudad. Mi madre compró ropa nueva y cara, renovando mi guardarropa.

Organizamos la boda, que se llevaría a cabo después de tres meses. Mi padre me dio dinero para que pudiéramos viajar a Francia en nuestra luna de miel. Cuando le conté a Maria das Graças, pareció adivinar mis pensamientos.

- Maurício, no será fácil salir de tu hospital, ¿no es?

Sonriendo, continuó:

- Creo que en el futuro podremos viajar más relajados.

Mamá está enferma y no quiero estar lejos de ella. Aun está Leônidas, solo yo puedo calmarlo cuando tiene sus crisis. Yo soy la que cuida la granja... Con este dinero puedes renovar la casa, ahora la tuya, el hospital realmente necesita reparaciones.

- ¡Maria das Graças, eres la novia más bonitas y amable! ¡Te adoro! - dije emocionado, levantándola y haciéndola girar en el aire.

Empecé la renovación el otro día y mi padre me dio esclavos, sirvientes y madera, y terminó dándome más dinero. La casa quedó como él quería.

Llegó el día de la boda, Maria das Graças se veía hermosa y me casé feliz. Al salir de la Iglesia, muchos de mis pobres clientes nos tiraron flores, con vítores, lo que me hizo llorar de la emoción.

Nos fuimos a vivir a casa de doña Etelvina. Cuando estuvimos solos, Maria das Graças dijo:

- Maurício, ¿recibes una suma de dinero todos los meses?

- ¿Lo sabes? Una persona caritativa, un ángel que nos ayuda, sin esta ayuda no hubiera podido sostener esa casa. Dime Maria das Graças, ¿cómo sabes eso?

- ¡Soy yo! - Sonrió feliz.

- ¡Ay, mi ángel!

Pensé que era mejor no decirle que me enteré, tenía miedo de lastimarla, estaba tan feliz, sentía que ella me amaba mucho. Entonces, ángel no es para lastimarse, para mí fue un ángel que me ayudó a hacer mi trabajo.

- Maurício, ahora, recibirás el doble, salvo que no irá en sobres ocultos.

Te ayudaré a mantener tu hospital, mi granja, ahora la nuestra, que da buenas ganancias.

- ¡Qué tan buena eres!

- No quiero interferir con tu trabajo y sé que tampoco tendrás tiempo para negocios. Así, tú harás las tuyas y yo seguiré haciendo las mías; administrar la granja. ¿Estás de acuerdo?

- De acuerdo. ¡Estoy tan feliz! ¡Cuán maravillosa eres!

Te haré feliz, mi ángel.

Me prometí a mí mismo hacerla feliz. Y lo hicimos. Hicimos una gran pareja, traté de estar siempre atento, delicado con ella. Maria das Graças no interfirió con mi profesión, me daba una buena cantidad de dinero todos los meses, que usaba en el hospital. Pocas veces iba al hospital, era muy hogareña, solo iba mucho a la iglesia. Era una buena administradora. Al principio pedí opiniones, pero ella entendía mucho más que yo sobre café, ganado, etc. Maria das Graças administraba las finanzas de la familia. Y ocupé todo mi tiempo con mis pacientes. Rosa, una buena y leal servidora, recordaba las fechas importantes, por lo que nunca olvidé el día de nuestro compromiso, boda, aniversario. En estas ocasiones yo siempre le compraba un regalo y Rosa hacía un ramo de flores de nuestro jardín y se lo llevaba, siempre haciéndola feliz.

- Maurício, ¡qué hermoso! ¡Que adorable!

Doña Etelvina era un dolor de cabeza, nos complicaba la vida, se quejaba mucho y siempre me decía: "Maurício, María das Graças es joven, necesita salir, divertirse. Siempre estás en esa oficina, en el hospital de expósitos… ¡No te detienes en casa, ni siquiera pareces un esposo!."

No me gustaba que la gente dijera cosas malas de mi hospital, pero no respondí nada, aguanté los insultos que decía mi suegra, tratando de tratarla bien, por la armonía de mi hogar. Mi esposa estaba molesta por el hecho y trató de defenderme: "Mamá, no me gusta salir. Maurício tiene mucho trabajo, por favor no te metas en nuestra vida."

Doña Etelvina iba mucho al hospital para comprobar mi presencia, si en verdad estaba trabajando. Hice conjeturas, bromeé con mis empleados, esto me puso nervioso y me quejé con Maria das Graças. Mi suegra fue culpada por los pequeños desacuerdos en mi casa. Leônidas, mi cuñado enfermo, en sus crisis gritaba y tiraba objetos a la pared, solo su hermana lo podía calmar, nos daba mucho trabajo. Poco a poco me gané su amistad y me permitió tratarlo. A veces, se despertaba gritando durante la noche, haciéndonos correr hacia él, quien, después de algunas golosinas, se quedaba dormido.

La hacienda que había heredado mi mujer era grande, bien cuidada, tenía capataces y un administrador, todo bajo la dirección de Maria das Graças que siempre estaba allí. Iba pocas veces, y cuando lo hacía era los domingos por la tarde, cuando me esperaban los pacientes. Los consulté, no teniendo tiempo para descansar o caminar. A veces mi esposa se quejaba.

- Ni siquiera aquí hay silencio. ¿No te cansas?

- No me siento cansado, de verdad pienso que si me quitaran mis clientes, mi trabajo, me moriría por no hacer nada.

- ¡Viuda, yo! ¡A trabajar Maurício! - Se rio alegremente para complacerme.

Mis padres desencarnaron a los seis meses. Siempre he sido amigo de mis hermanos y sobrinos y, aun con la desencarnación de mis padres, siempre nos reuníamos en fechas y fiestas importantes.

Tuvimos tres hijos, Jonas, José Hermídio y Margarita. En el tercer parto, Maria das Graças tuvo una infección y ya no pudo tener hijos. Estábamos tristes porque habíamos planeado tener una familia numerosa.

Al poco tiempo del nacimiento de mi hija, doña Etelvina sufrió un derrame cerebral que la dejó postrada en cama durante ocho meses y falleció. Leônidas se había enfermado y estaba muy celoso de los niños, necesitando ser vigilado en todo momento. Con la enfermedad de mi suegra, lo llevé a mi hospital donde se hizo amigo de Miguel y se tranquilizó, ya no amanecía gritando por las noches. Poco después de la muerte de mi suegra, Leônidas enfermó gravemente y falleció.

Sin mi suegra, mi hogar estaba en paz. Maria das Graças nunca se quejó de nada, siempre fue amable y paciente conmigo. Miguel se casó y le construyó una casita en la parte de atrás del hospital, cerca de sus padres adoptivos, Rosa y Pedro. Se convirtió en un gran enfermero, amable y servicial. Fátima, su esposa, una negra libre, nos ayudó en el hospital, allí crecieron sus hijos, fuertes y hermosos.

Cuando Margarita tenía dos años, Maria das Graças trajo a nuestra casa dos niños muy hermosos, Antônio y Francisca. Los miré y los amé, especialmente al niño de cuatro años, moreno, de ojos expresivos, que parecía conocerlo y amarlo mucho.

- Maurício - dijo Maria das Graças - quedaron huérfanos. El padre, mi empleado, murió en un accidente, la madre, Teresa, murió después de abortar.

- ¡Un aborto! ¿Por qué no me llamaron ni la trajeron al hospital?

- No lo sé seguro, creo que ocultó el embarazo, creo que no quería al bebé. La encontraron agonizante y no hubo tiempo para ayudar.

- ¡Qué triste hecho!

- También creo. Sin saber qué hacer con los huérfanos, los traje a casa.

- ¡Pobre! ¡Tan lindos! ¡Tan pequeña!

- ¿Qué hacemos, Maurício? ¿Dejarlos en la granja con una criada? ¿O aquí en casa?

- Ángel mío, queríamos tener muchos hijos, creo que Dios nos dio dos más.

Criémoslos con los nuestros.

Entonces Antônio y Francisca se quedaron en nuestra casa como hijos adoptivos. Trabajaba mucho, pasaba poco tiempo en casa y apenas veía a mis hijos. Siempre pensé que lo que hacía mi esposa estaba bien y que le correspondía a ella educar a los niños. A veces pensaba que los mimaba. Si abordaba el tema, ella diría que no y se enfadaría. Entonces, evitaba hablar o adivinar, estaba feliz viéndolos fuertes y sanos. Jonas era el más rebelde y pendenciero; José Hermídio era amable y simpático, desde niño se interesó por la hacienda. Margarita era terca y quejumbrosa; Francisca era dulce y buena; Antônio era mi favorito, vivo, inteligente, le gustaba ir al hospital, jugar al médico, siempre estaba sonriendo. Para evitar los celos, traté de no mostrar preferencia.

Cuando vino la abolición, trajo mucha confusión, llenando mi hospital de negros enfermos, los ex esclavos andaban por la ciudad creando confusión, robando, sin tener dónde quedarse y qué hacer. Poco a poco, con el tiempo, se asentaron. Fue un período de mucho peligro y trabajo, se produjeron muchos crímenes. Atendí a muchos negros enfermos, desnutridos, deformados por los castigos que recibieron durante muchos años.

Mis hijos estudiaron, Jonas y Antônio decidieron estudiar medicina, estaba orgulloso de ellos. "¡Continuarán mi trabajo!"

Jonas, el mayor, estaba un año por delante de Antônio en sus estudios. Llevé a mi hijo Jonas a estudiar a São Paulo, como mi padre había hecho conmigo. Tenía un lugar para que se quede, en una pensión de la familia, previendo ya la partida de Antônio, disponiendo que se queden juntos. Al año siguiente, después de las vacaciones, Antônio se muda con Jonas. Antônio, estudioso, tomaba notas excelentes, mientras que Jonas estudiaba para aprobar.

El tiempo ha pasado.

# Felicidad en el bien

La ciudad creció y la población empezó a sentir la necesidad de un hospital bueno y equipado. Los agricultores, las personas más importantes y los que tenían medios económicos se juntaron y decidieron construir uno. Por primera vez hice política, organicé reuniones, en las que expliqué la necesidad de un buen hospital.

"Un hospital en la ciudad solo traerá beneficios – dije -. Aquí vendrán nuevos médicos, podremos tener equipos modernos, habitaciones lujosas, donde usted y su familia puedan quedarse, en caso que se enfermen gravemente. Las salas serán amplias, todos en la región se beneficiarán del nuevo hospital. Como benefactores, sus nombres quedarán grabados en una gran placa en la entrada, informando el futuro y todo el que pase por los hombres valiosos que construyeron un lugar para curar enfermedades."

Desgraciadamente, logramos nuestros objetivos exaltando la vanidad de la gente. Hice todo lo posible para conseguir un hospital grande y equipado, haciendo realidad mi sueño. Con entusiasmo construyeron el hospital en un tiempo considerado rápido.

En esa época, José Hermídio, que amaba la finca, empezó a cuidar la nuestra con mucha habilidad, se casó y se fue a vivir a ella, aliviando el trabajo de mi esposa. Las niñas, Margarita y Francisca, también se casaron, en opinión de Maria das Graças, muy bien. Los nietos comenzaron a decorar nuestra casa.

Las hermanas de la caridad vinieron a trabajar y dirigir el nuevo hospital, nuestra moderna Santa Casa, grande y hermosa para la época. La inauguración se realizó con una gran fiesta. Todo lo que se podía usar de mi hospital iba al nuevo. Después de treinta años, mi hospital estaba cerrado. Quería mucho mi antiguo hospital, pero no me importaba cerrarlo, estaba muy feliz con el nuevo. Como predije, llegaron nuevos médicos a la ciudad.

Rosa y Pedro no querían salir de su rincón, como eran viejos, decidí jubilarlos, es decir, seguir pagando sus sueldos y dejar a mis fieles y dedicados ayudantes donde quisieran. Miguel también terminó viviendo en la parte trasera del antiguo hospital y comenzó a trabajar como enfermero en la Santa Casa. Pero mi antiguo hospital solo estuvo cerrado durante dos meses.

Un día Rosa vino a buscarme a la Santa Casa.

- El Dr. Maurício, una anciana, doliente, lo espera en su casa. Trae un niño enfermo.

- ¿Por qué no la enviaste aquí?

- ¡Es que... es un loco!

Fui a verlo, tenía treinta años, alto, fuerte, amarrado, sucio, desaliñado, dando mala impresión, me dio pena. El joven hablaba sin parar, repitiendo frases, desorientado. Su madre lloraba suavemente, mirando con amor a su hijo en ese estado.

- Dr. Maurício, ayúdeme. Soy pobre, viuda, este hijo es todo lo que tengo. Está mal de la cabeza, se enfurece y ataca a todos. Solo tú puedes ayudarme. No lo aceptaron en la Santa Casa, dijeron que no estaba enfermo por eso. No sé qué hacer. Como dejarlo así, todo amarrado...

- Déjalo aquí, yo me encargo de él.

- ¿Se curará?

- Solo Dios lo sabe, pero haré mi parte.

Lo acomodamos en una de las habitaciones. Con cariño lo desatamos, lo bañamos, estaba más tranquilo, vendamos muchas de sus heridas, le dimos de comer. No nos atacó, se quedó quieto mirándonos, luego volvió a hablar, terminó durmiendo. Vi cuánto sufría y que necesitaba tratamiento y cuidado.

Esto fue suficiente para que aparecieran otros enfermos mentales en el barrio y la región.

Nuevamente Maria das Graças vino en mi ayuda, renovamos la casa, pusimos rejas en las ventanas y la convertimos en un sanatorio - el sanatorio del Dr. Maurício.

Miguel volvió a ayudarme, Rosa y Pedro volvieron a trabajar.

Todo siguió como antes, los que podían pagar, los que no podían eran tratados de la misma manera, todos con amor y cuidado. El trato fue más con amor, los recursos eran muy pocos para ayudarlos. Incluso hoy en día no sabemos mucho sobre la mente humana, porque el cuerpo y el espíritu se ven por separado. Si una mente está desequilibrada es porque el espíritu está enfermo. Atendía a mis pobres por la mañana en la Santa Casa y pasaba la tarde con mis enfermos mentales.

Jonas se graduó y empezó a trabajar en Santa Casa. Amargo y triste, vi que mi hijo aspiraba a la riqueza y la importancia. Traté de hablar con él, terminamos discutiendo y su madre vino a rescatarlo, defendiéndolo. Una vez, en el fragor de la discusión, me dijo bruscamente:

- Papá, quiero ser importante, un médico que pueda permitírselo. Los pobres ya te tienen a ti, ¿para qué uno más? No quiero vivir de una esposa como tú. ¡Quiero mantener a mi familia!

Dolía mucho escuchar esto de un hijo, reconocí que era verdad. Evité discutir con él, no dejando; sin embargo, de aprovechar las ocasiones propicias para llamarlo al sentido común, explicándole la caridad que se puede hacer dentro de la medicina.

Antônio se graduó y vi mi esperanza en él. Gran obstetra, los partos difíciles acababan en sus manos. Era bueno, caritativo, estudioso, soñaba con investigar por el bien de la humanidad. Empezó a ayudarme, tanto con los pobres de la Santa Casa como en mi sanatorio. Hablábamos mucho, ya no me importaba mostrar mi preferencia, nos hicimos grandes amigos, teníamos las mismas preferencias y amábamos mucho la medicina, intercambiábamos ideas sobre los casos más difíciles y complicados, resolviéndolos juntos.

Solo que los dos estaban solteros y no coincidían, casi no se hablaban. Quería que los dos fueran amigos, pero entendió que era difícil ser amigo de Jonas, que era cínico y arrogante. Antônio empezó a salir con una chica sencilla y pobre, disgustada por mi mujer que me llamó para entrometerme:

- Maurício, habla con Antônio, él no puede darme este disgusto. Un médico casándose con una chica tan sencilla. Mis hijos felizmente casados y él insiste en salir con una pobre chica, no me conformo. Seguro que te escucharía.

No quise interferir, pero al no poder negarme a una petición de Maria das Graças, hablé con él.

- Antônio, ¿estás realmente enamorado? ¿Te vas a casar?

- Papá, me gusta, no sé si me voy a casar, aun es pronto para decidir, creo que saldré más tiempo.

- Tu madre no quiere. ¿No puedes elegir a otra chica para salir?

- No.

- Por mi todo bien. Creo que es prudente no elegir bien.

Días después, un escándalo que dejó a mi mujer postrada en cama. Jonas se escapó con la novia de su hermano.

- ¡La repudió para casarse con ella! - Exclamó Maria das Graças, desconsolada.

Pero no se casó, dos meses después regresó y le pidió perdón a su madre, prometió actuar con prudencia y dejar a la niña. Le di un buen consejo, que escuchó, esta vez, en silencio. Sería correcto que él se casara con ella, pero Jonas dijo que no la amaba. Para no lastimar más a Antônio, preferí cerrar el asunto. Antônio estaba muy triste, trabajaba mucho, adquiriendo la confianza de sus pacientes, que siempre iba en aumento. Maria das Graças decidió casar a Jonas. Eligió a una chica de su amistad y aprecio con la que Jonas salió y se casó felizmente. Mi mujer empezó a presentarle chicas a Antônio con la esperanza de casarlo también, pero a él no le interesaba ninguna. Un día Antônio dijo:

- Papá, me voy de casa, me voy a vivir con Inês, mi antigua novia.

- Hijo, ¿realmente sabes lo que quieres? Ya sufriste una amarga decepción con ella.

- ¡Esto es lo que quiero!

- Luego a casa, hijo. Haz todo bien.

- Inês es madre de un niño, hijo de Jonas, que se parece a ti, yo soy su padrino, me gusta el niño. Viviremos juntos, si funciona, en el futuro nos casaremos.

- ¿Tu mamá lo sabe?

- Hablaré con ella hoy, quiero que me ayudes.

Como había temido, Maria das Graças armó un escándalo.

- ¡No es no! ¡No lo consiento! ¡Lo repudio!

- Francisca y yo somos adoptados, igual no recibiremos nada.

- Los crie como hijos, eres educado, médico, ¡eres de buena familia!

- Por favor, madre, entiende, no me casaré con ella, viviremos juntos.

- Había vivido en pecado. ¡Eres un desagradecido! ¿Es así como nos pagas? Nunca vuelvas a esta casa de nuevo.

- ¡Maria de Gracias! - grité -. ¡Eso no! Esta casa siempre será suya. Jonas también le dio angustia.

- ¡Pero Jonas es mi hijo! ¡Este no!

- ¡Es para mí! Te bendigo. No permito que lo expulses, esta es su casa y volverá cuando quiera.

Lo abracé, tomó sus maletas y se fue.

Nunca volvió a casa, nos veíamos todos los días en el trabajo, tenía hijos, siempre iba a verlos, a visitarlos. Le gustaban los niños, Inês y su madre, doña Eugênia. A veces le recordaba a Antônio que se casara. "No quiero. Algo aquí - mostró su pecho - me lo impide."

Pensando que él no debería interferir en su vida privada, evitó sacar el tema. Maria das Graças y yo vivíamos solos. Nuestra casa siempre estuvo feliz con los nietos. Era una abuela cariñosa, mimaba mucho a sus nietos.

Unos años después que Antônio se fuera de casa, su pareja se fue, dejándolo con los niños. Le pregunté preocupado:

- ¿Antônio sabes a dónde se fue? ¿Con quién? ¿Por qué se fue?

- No sé de nada.

Al encontrarlo demasiado herido, entendiendo que no le gustaba hablar de eso, no hice más comentarios. Pero, con otro escándalo, la mujer de Jonas se enteró que él estaba saliendo con Inês, la expareja de Antônio, en su quinta. Hicieron de todo para encubrir el evento, no pudieron.

Estaba profundamente avergonzado por el comportamiento de Jonas, lo llamé y tuvimos una gran pelea.

- Padre, no deberías haber peleado con él - dijo Antônio -. Inês era culpable. Jonás es tu hijo.

- Tú también, más que él. Jonas debería haberte respetado. ¡Qué hijo, Dios mío! ¿Como pudo hacer esto? Lo sabías y no querías decírmelo.

- Inês escribió una nota antes de irse, diciendo que se iba con Jonas. No quería que sufrieras. Creo que Jonas está celoso de mí.

- Puede ser. Pero él no hace nada para sintonizar conmigo. ¡Tú sí! Hubo mucho trabajo y el tiempo pasó rápido, Antônio se quedó con doña Efigênia y los niños, terminé haciendo las paces con Jonas, no guardo rencor y no me gusta la enemistad.

El municipio creció, la ciudad progresó, mi sanatorio ubicado en el centro afeó la ciudad. El alcalde decidió construir un nuevo sanatorio en un lugar más apartado y prometió darme la dirección. Se eligió el lugar, se donó el terreno y comenzaron las obras. Soñaba con el nuevo sanatorio, con sus amplias y modernas instalaciones. Al iniciar la construcción comencé a sentir dolor en el pecho, tomé medicamentos y comencé a descansar más. Esa noche me desperté tres veces con el dolor carcomiéndome. Me levanté más tarde de lo habitual y fui al sanatorio para informarme sobre un paciente en estado más grave antes de ir al hospital. Examiné al paciente y entré a la oficina para tomar notas en el historial, me senté en mi sillón favorito y comencé a recordar. Me acordé de Rosa que siempre me decía: "Dr. Maurício, usted escucha mucho, Dios le paga. Dios le debe mucho, aquí tiene una cuenta enorme, que le dejan pagar..."

Nos reímos.

- Rosa, amiga Rosa - le dije - no debemos dejar nuestro agradecimiento ni nuestras deudas con el Padre, no debemos dejarlo pagar, podemos retribuir el bien recibido a otros hermanos, siempre tenemos oportunidades de ser útil. Esta gente es humilde y sencilla, cuando dicen que Dios le pague, le piden al Padre que nos bendiga. Y su misericordia no nos ha fallado, siempre hemos logrado mantener esta casa. ¡Estoy feliz! El bien que hacemos, hacemos con nosotros. Observa Rosa, cuidamos a los necesitados y estamos sanos, en armonía y en paz. El Padre deja que sus hijos se ayuden unos a otros. Es la criatura ayudando a la otra en Su Nombre.

Rosa y Pedro habían fallecido hacía tiempo, los extrañaba. Un dolor agudo en el pecho me mareó. Estaba teniendo un ataque de angina. Puse mi mano en mi pecho y no pude hacer nada más. El dolor se fue suavizando y vi que mucha gente se me acercaba, un bienestar me invadió. Empecé a distinguir personas, eran Rosa, Pedro, antiguos clientes, todos desencarnados, muchos irradiaban luz y belleza, con las manos extendidas hacia mí, hablaban al unísono:

- ¡Dios lo bendiga! ¡Dios te pague![1]

---

[1] ¡Dios te pague! Una forma de expresar gratitud es ser agradecido y comprender que en este momento uno no puede corresponder a la beneficio recibido. Es una oración al Padre para que nuestro benefactor nos beneficie. Es pedir la reacción de la buena acción. Esta sentencia, rogativa, con sinceridad, beneficia al benefactor con fluidos benéficos. El

Sonreí, encantado con tanto cariño. El círculo humano me dio la bienvenida. Vi una vasija enorme con agua, me vi tomando agua de esta vasija y distribuyéndola y todavía estaba llena. Escuché: "¡El que reparte, tiene en abundancia!"

Dejé caer la cabeza y me quedé dormido suavemente.

Me desperté listo, recordé lo que había pasado, me senté en la cama muy limpia y observé el lugar.

- Debo estar en algún hospital pero estoy seguro que morí. ¡Gracioso! - Gemí en voz alta.

- ¡Buenas tardes, Dr. Maurício! - Dijo una simpática señora al entrar a la habitación.

La miré bien, parecía que la conocía. ¿Sería Doña Mariana?

- Buenas tardes - respondí -. Usted no es Doña Mariana, la esposa del Sr. ¿Arturo?

- Sí. ¿Te acuerdas de mí?

- ¡Qué agradable sorpresa! ¡Pero murió en mis brazos hace años!

- Ciertamente, el cáncer me hizo sufrir mucho y usted doctor me trató muy bien. ¿Cómo te sientes?

- ¿Morí o soñé?

- Su cuerpo murió, Dr. Maurício, su espíritu vive.

- ¡Así que realmente morí! ¡Me siento tan bien!

- Me alegro.

Cuando estuve solo otra vez, pensé en eventos recientes, en la muerte, en la religión. Yo era católica, rara vez iba a la iglesia, tenía poco tiempo, en los tiempos de misa siempre estaba en los hospitales atendiendo a los enfermos.

---

Dios te pague que Maurício escuchó a lo largo de esta encarnación vino a su mente en su desencarnación y amigos y beneficiarios vinieron a recibirlo, ayudándolo a partir y llevándolo a la Colonia, en una bella y conmovedora desencarnación.

Rezaba todos los días al despertar, volvía mis pensamientos al Padre y la oración salía espontáneamente, del corazón. Al atender a un enfermo grave, habla con Jesús, pidiéndole ayuda. Cuando me acostaba por la noche, estaba tan cansado que decía: "Jesús, que mi trabajo sea mi oración. Recíbelo con mi pequeñez. Guíame, ayúdame para que siempre pueda hacer realmente lo mejor. ¡Amén! "

A veces, la oración era tan rápida que Maria das Graças jugaba conmigo.

- "Maurício, parece que solo rezaba el Amén."

- Amén, querida, ¿no significa eso que así sea? ¿No es un acto de resignación? Solo el Amén del corazón, con el cumplimiento de la voluntad del Padre, es una oración larga.

Ahora estaba allí, sintiéndome bien, el cuerpo muerto, el espíritu vivo.

- ¿Qué será de mí? - Temí un poco.

- Dr. Maurício - dijo Mariana, que había regresado sin que yo me diera cuenta y se había sentado junto a mi cama -. ¿Preocupado? Un buen hijo es el que hace la voluntad del Padre, no el que lo halaga con oraciones sin sentirlas. La oración más hermosa es amar a todos, y usted la hizo, suavizando el dolor de los hermanos. Agradables eventos te esperan. Esperamos que se recupere pronto y empiece a ayudarnos aquí. No faltan los enfermos.

- ¡¿Qué?! ¿Hay gente enferma aquí?

- La maldad, la imprudencia, el egoísmo, todos los vicios y defectos enferman al espíritu que transmite al cuerpo las enfermedades que conoce. Si los encarnados cultivaron la maledicencia, regresan al plano espiritual enfermos, necesitados de ayuda.

- ¿Cómo está mi familia? ¿Sienten mi ausencia?

- ¿Quiere verlos?

Con mi afirmación Doña Mariana encendió una pantalla que, sin saber de televisión, me pareció fenomenal, me miró encantada. Estaban mis parientes, hijos, nietos, alrededor de una urna con mi cuerpo, llorando de emoción. Maria das Graças sufrió mucho, me quería mucho. En segundos apareció el entierro, mucha gente, gente humilde con flores rezando con sinceridad. Muchos de mis antiguos pacientes miraban a Antônio con esperanza, sentían que él sería el que continuaría mi trabajo. Mi hijo adoptivo acompañó el triste entierro, secándose las lágrimas que persistían en rodar por su rostro.

- Eso fue hace tres días - me explicó doña Mariana -. Se durmió para no ser molestado por las penas de familiares y amigos. Poco a poco, todo vuelve a la normalidad.

Nuevamente vi a Antônio en la pantalla cuidando mi sanatorio, vi a Maria das Graças triste, abatida, esperando con esperanza su muerte, para que nos volviéramos a encontrar.

La pantalla estaba apagada, me di cuenta que su transmisión eran los pensamientos de Doña Mariana.

- Gracias - le dije sonriendo - fue muy amable de tu parte.

Al día siguiente, comencé a recibir visitas de amigos y familiares que me deseaban la bienvenida, brindándome placer y alegría. Un mes después, caminaba por el hospital y alrededores, cansado de descansar, con ganas de saberlo todo y ver las bellezas de la Colonia.

- ¡Ay, Dios! Bendito sea el trabajo, el estudio, descansar para siempre sería demasiado aburrido, tengo antojo de trabajar.

Doña Mariana me presentó a Lucas. Mientras miraba al recién llegado, me pareció familiar y no esperó a que le preguntara.

- Fui su guía, protector, cuando estaba encarnado, un amigo ayudándolo en su tarea.

- ¡Oh! ¡Así que tú eras el Jesús que me susurró tantas veces!

- Como puedes ver, no era Jesús, sino yo, en Su nombre. Soy un espíritu como tú, con muchas ganas de ayudar, trabajamos juntos y si quieres, empezaremos a trabajar aquí.

- ¡Claro que quiero! Estoy ansioso por ver cómo actúan los médicos aquí en el plano espiritual.

Amigos, comencé a trabajar con Lucas que me enseñó mucho. Recorrí el mundo de los espíritus encantado con todo. Por primera vez sentí que pertenecía a una Colonia y que era digno de vivir en ella para continuar con mi progreso, trabajo y estudio. Que felicidad, que grata sensación es sentir que pertenecemos por afinidad a un lugar maravilloso, sintiéndonos un residente y no un huésped. Hablé mucho con Lucas, no puedo evitar recordar una de sus enseñanzas:

- Maurício, aquellos que siempre dicen la verdad desarrollan el poder de materializar sus palabras. Lo que ordenan con todo su corazón sucede para su propio bien o para el bien de los demás.

Pronto, Lucas me dejó:

- Ahora, Maurício, sabe ayudar con sabiduría, sabe distinguir entre las cosas importantes y las cosas sin importancia, lo que es útil y lo que es inútil, sabe ayudar con el conocimiento, para hacerlo es necesario saber. Aquellos que ayudan sin conocimiento a veces pueden dañar. Debo guiar a otro amigo. Hasta luego.

No tengo palabras para agradecer a tan fiel compañero. Me acordé que Dios le pague, preferí hacer con amor lo que me enseñaba. ¿Qué mejor pago habrá que hacer por los demás lo que nuestro benefactor nos ha enseñado? En un abrazo, nos despedimos.

Regresé a mi sanatorio y comencé a ayudar a los pacientes encarnados y desencarnados, pasando mucho tiempo con Antônio, que me aceptaba con amor. Feliz, vi que ya no había más cansancio, pasamos las veinticuatro horas ayudando a tantos que llegaban allí en busca de alivio a sus dolencias. El trabajo en el nuevo sanatorio avanzaba lentamente, un político dio una gran suma de dinero para completarlo con la condición que el hospital llevara su nombre. Por lo tanto, no dieron mi nombre como se acordó, ni la dirección a Antônio. Un médico designado por el político vino de la capital para dirigirlo.

Mi familia se indignó y no asistieron a la inauguración. Maria das Graças quería impedir que Antônio trabajara allí. Mi hijo adoptivo estaba a punto de cumplir con la petición de su madre. Me acerqué a él, tocándole el corazón, haciéndolo temblar, y en su mente le pedí:

- Antônio, hijo mío, lo que importa es hacer sanos a los enfermos, felices a los tristes. ¿De qué valdrán los honores? Cuando me vaya de esta mundo que llevamos? Ve hijo, ve a sanar a los enfermos.

Me alegré cuando aceptó. Se fue a trabajar al sanatorio y la vieja casa fue demolida...

No me cabían honores en la Tierra, pero fui bendecido entre hermanos, recordado con cariño, con oraciones sinceras que me conmovían y me hacían sentir feliz. Durante mucho tiempo se habló y ejemplificó la memoria de un médico solidario en la ciudad donde viví.

Lo que realmente le interesa a un espíritu que pasa un tiempo encarnado en la Tierra es volver a la espiritualidad con sus buenas obras.

Maria das Graças estaba enferma, sintiendo que iba a morir, me quedé a su lado. Su cuerpo murió y ella se quedó en él, no quería irse, dejar su cuerpo. Sin saber qué hacer, pedí ayuda. Amigos vinieron a ayudarme, lo desligaron y lo sacamos del cadáver. Salió borracha, confundida y sufriendo, no me vio, solo tenía escenas en mente que yo no conocía. Dos espíritus de antiguos esclavos la rodearon, persiguiéndola con furia. Ella los vio, lloró desesperada huyendo de ellos. Los tres fueron a la finca, escenario de muchas desgracias. Con tristeza vi el otro rostro de mi esposa. Había sido exigente en su administración, había hecho trabajar mucho a los esclavos con poca comida para que la finca fuera más rentable, y los castigos eran frecuentes.

Amargo, los seguí en las oraciones, un día, los negros me vieron.

- Dr. Maurício, váyase, no es asunto suyo.

- ¿Por qué tanto odio? - Pregunté -. ¿Por qué no perdonan como los demás? ¿Qué les hizo ella?

- Me dejó morir de hambre, un castigo de días sin comer.

- Me dijo que me rompiera la pierna para que no me escapara más, tuve una infección por falta de cuidado, desencarné.

No pude soportarlo, frente a los dos grité en voz alta. ¿Cómo pudiste tú, mi dulce esposa, donar para que muchos se beneficiaran a costa del sufrimiento de otros? ¡Y no sé! Los dos se conmovieron.

- Dr. Maurício, por favor, sabemos lo bueno que es usted, no debe llorar por esta perra.

- No puedo. Ella es mi esposa, con su dinero mantuve el hospital, luego el sanatorio.

- No queremos verte sufrir así. ¡No es justo!

Por usted la perdonamos. ¿Estás feliz?

Lloramos abrazados. Les hablé de la necesidad de perdonar, los dos se movieron, pidieron perdón a Dios y perdonaron, siendo llevados a un albergue.

Pero el espíritu culpable es su principal verdugo. Maria das Graças deambulaba por la hacienda con recuerdos tristes, perturbada y confundida. En su mente se repetía una escena... El padre de Antônio era capataz de la hacienda, se casó con una esclava, Teresa, una linda mulata. Maria das Graças prometió concederle la manumisión; sin embargo, la pospuso. El administrador de la finca, un hombre rudo y grosero, se interesó por ella y comenzó a molestarla. Teresa se quejó con mi esposa, que permaneció indiferente. Maria das Graças sabía que maltrataba a los esclavos, pero como rentabilizó la hacienda, estuvo de acuerdo con sus métodos. Cuando fui a la plantación, los esclavos eran vigilados y amenazados para que no me dijeran nada, y como yo ni sospechaba ni tenía interés en la plantación, no me enteré.

El capataz, el padre de Antônio, tuvo que salir de viaje, ausente durante un mes, en su camino a entregar un rebaño de ganado. El administrador, aprovechando su ausencia, acosó aun más a Teresa. Ella lo rechazó enérgicamente, fue castigada como una esclava, con trabajo rudo, sin comida y poca agua. Teresa estaba embarazada y abortó, desencarnando. Al llegar del viaje, el esposo, sabiendo todo, fue a buscar al administrador, quien, temiéndolo, disparó antes que dijera nada. El padre de Antônio desencarnó en ese momento. Maria das Graças ocultó todo, se prohibió hablar del tema a todos en la hacienda, despidió al administrador y desestimó el caso como un accidente. En ese momento, la palabra de las personas importantes era ley, nadie estaba interesado en desentrañar los crímenes que involucraban a los esclavos, quienes en su mayoría eran tratados como animales. Los dueños los mataron, los castigaron sin que la justicia se diera cuenta.

Mi esposa, sin saber qué hacer con los huérfanos, los llevó a casa y, sin saberlo yo también, hizo grandes diferencias entre ellos.

Ver a mi pareja en ese estado me dolió, encerrada en su remordimiento, no me vio, quise ayudarla y no pude. Me acordé de Teresa que amablemente me había visitado en la Colonia agradeciéndome lo que había hecho por sus hijos. Teresa había perdonado durante mucho tiempo, un buen espíritu, una trabajadora, vino en mi ayuda tan pronto como le pedí ayuda. Se hizo visible a Maria das Graças, que lloró en voz alta cuando la vio.

- Siñá Maria das Graças perdónate, yo ya te perdoné.

La ex dueña de esclavos no pudo decir nada, Teresa abrió los brazos, se refugió en su pecho, llorando mucho. La llevamos a la Colonia, donde poco a poco se recuperó, siempre bajo el cuidado y dedicación de Teresa. Cuando Maria das Graças estuvo bien, fui a verla. Al verme a su lado, escondió su rostro entre sus manos y lloró.

- Lo siento Maurício, lo siento. Siempre me llamaste ángel y yo era un demonio.

- No, un demonio no soporta hospitales. Para mí, siempre serás un ángel.

- ¿Sabes lo que hice?

- Lo sé y yo era culpable. Olvidé que yo era el cabeza de familia y que tenía obligaciones con nuestra casa, contigo.

- No intentes justificarme. No me engañaste, te casaste conmigo, dejando claras tus ideas, sabías de tus sueños y de tu trabajo. Yo era ambiciosa, viviríamos muy bien sin tener que explotar a nadie. Apoyé a los hospitales, pero fue para complacerte, me alegro que este gesto mío haya servido para el bien de muchos. Confesé estos hechos al cura, me dijo que no era pecado, que los negros no tenían alma, grande fue mi decepción. Todos somos hermanos y me duele mucho el remordimiento. Recé mucho, pero no hice la voluntad del Padre, mientras que tú lo hiciste con tu Amén.

Sufrí con ella, aprendí que la omisión es un error, por muy noble que sea la tarea no debemos olvidar los sagrados deberes con quienes nos rodean, la familia. Maria das Graças estudió, trabajó en la Colonia, se preparó para encarnar y Teresa, su amable amiga, la aceptó como hija. Aunque pobre, teniendo su supervivencia en el trabajo humilde, y resignada, tiene en la fe espírita la luz de su camino.

Durante años seguí ayudando a Antônio, guiando a hijos y nietos, con tristeza vi morir a Jonas en medio de maldiciones y deambular durante años por la Umbral, hoy se encarna como un discapacitado físico. Pero no todas mis encarnaciones estaban dirigidas al bien. Muchos errores y sufrimientos hasta que, como Maurício, pude repararlos.

# Despertando

Recordamos poco de nuestra infancia espiritual. El despertar es lento, poco a poco aprendemos por libre albedrío a elegir caminos. La curiosidad, el interés nos hace aprender mucho, así como el egoísmo, el amor propio nos hace querer, tener. Y seguimos acumulando con las encarnaciones todo tipo de conocimientos, buenos y malos, trazando nuestra personalidad. En todos los tiempos y lugares los grupos humanos se juntan y los gobierna una sola moral. Sin embargo, latentes en nosotros están los principios del bien, aunque las facilidades nos involucren en errores, dejándonos huellas.

Mis primeras encarnaciones fueron tranquilas y sencillas, seguí aprendiendo hasta que... ante un obstáculo, reaccioné. Porque si nada nos molesta, es fácil amar y obedecer, pero si algo nos molesta, va en contra de nuestros intereses, tendremos pruebas si realmente amamos y estamos resignados o aparentamos estarlo. Todo dejó de ser sencillo para mí, en una encarnación que yo era Astorie, un joven fuerte de un pueblo pequeño y sencillo. La población de esta localidad vivía en paz y amistad con todos los vecinos, cultivábamos ciertas plantas, teníamos ganado, complementando nuestra alimentación con la pesca y la caza. Nuestro pueblo estaba gobernado por ancianos y teníamos en la religión toda nuestra guía y normas. Adorábamos a muchos dioses, en un edificio en el centro del pueblo había un templo, donde rezábamos y ofrecíamos sacrificios. Era un edificio de piedra simple, pero un orgullo para todos nosotros.

Había muchos festivales que estaban marcados por las estaciones y las lunas. Las ofrendas eran frutas, alimentos en general, artesanías y en ocasiones animales. Sin embargo, si el pueblo sufría alguna calamidad, como sequías, inundaciones, plagas, entonces se hacían sacrificios humanos para apaciguar a los dioses infernales. Este sacrificio consistía en la muerte de una persona joven, de entre diez y veinte años, siendo soltera. Ella no podía ser vieja. Dijeron que durante un diluvio, cuando se ofreció un anciano, el diluvio aumentó, concluyeron que los dioses no querían ancianos, sino jóvenes. Pero las calamidades fueron pocas en los verdes valles y hasta ese momento solo se había visto un sacrificio, que contó con un voluntario.

Cuando tuve la edad suficiente para casarme, mi padre arregló que me casara con Asca dentro de seis lunas llenas. Conocía a Asca desde que era una niña y era muy feliz, porque era dulce y muy bonita. Fue cuando no llegaron las lluvias esperadas y la sequía comenzó a castigar cultivos y pastos. Mi trabajo era llevar las ovejas a los pastos. Me gustaba mucho mi tarea, siempre estaba corriendo por los prados para descubrir lugares y plantas. Con esto conocía bien todo el entorno y me entristecía ver la falta de lluvia dejando el triste paisaje, sin su color habitual.

"¡Todos en la plaza! ¡Todos en la plaza! ¡El gran sacrificio se marcará pidiendo lluvia a los dioses!"

Un alboroto estalló en el pueblo, reuniendo a todos sus habitantes frente al templo. Uno de los ancianos pidió un voluntario para pasar al frente. Esta vez nadie se presentó, se iba a sortear.

Esa costumbre fue vista naturalmente por mí y por todos, nadie estaba en contra o pensaba que era cruel. Se decía en el pueblo que, hace mucho tiempo, un padre, enojado por haber elegido a su único hijo, trató de liberarlo y, como castigo por desobedecer la preferencia de los dioses, lo amarraron a un árbol junto a un gran hormiguero, muriendo horriblemente.

Si un voluntario se presentaba dentro de las normas, los ancianos lo hacían elegir, de lo contrario echaban las suertes. El sorteo comenzó. A los jóvenes les vendaron los ojos y sacaron un trozo de palo de una vasija de barro, que eran todos iguales, uno marcado en blanco. Fui el tercero en dibujar, mi corazón estaba acelerado, no quería morir, quería casarme, tener hijos, me gustaba la vida y Asca.

Tenía, como todos los jóvenes, mil sueños.

"¡No soy yo!" Suspiré aliviado, sonriendo felizmente.

Pronto fue el turno de Asca, tuve un mal presentimiento y me estremecí, y fue ella quien recogió el palillo rayado.

"¡No puede ser!" - repitió suavemente -. "¡No Asca, tan hermosa, mi novia!"

El sacrificio se realizaba al anochecer, los preparativos comenzaban de inmediato, todo debía estar en orden, habría danzas, otras ofrendas, luego de lo cual los ancianos llevaban a la víctima al altar donde se le daba muerte con un cuchillo sagrado. Asca fue con las viejas a prepararse, estaba triste, cabizbaja. Todos regresaron a sus tareas y nadie me hizo caso, yo los seguí, estaba disgustado con todo y con los dioses que me habían robado a mi novia. Rápidamente pensé en una forma de salvar a Asca, hace algún tiempo descubrí una cueva entre las rocas en la ladera de la montaña, un lugar de difícil acceso, no se lo mencioné a nadie, haciendo el lugar solo mío.

- "Voy a llevarla allí. Nadie se enterará, así evito que muera tan joven y tan hermosa" - dije en voz baja, tanteando la choza donde la llevaron.

Al ver que solo tres mujeres estaban con ella, humildemente pregunté:

- ¿Podría despedirme de mi novia solo por un momento?

Encontrando mi pedido natural, dos mujeres se alejaron, una se quedó en la puerta.

Nos abrazamos emocionados.

- Astorie, esta es la última vez que te veo. Los dioses fueron crueles al elegirme.

- Ven conmigo - dije en voz baja - huyamos. Conozco un lugar seguro para escondernos.

Asca era fiel a sus creencias, pero sus ganas de vivir eran más fuertes, me amaba y también quería ser feliz, asintió.

Fingiendo irme, golpeé con fuerza mi bastón en la cabeza del guardia que cayó sin siquiera gemir, nos fuimos rápidamente. Con precaución, logramos salir del pueblo sin ningún problema. Tomamos el camino a la cueva, pronto oscureció y no pude encontrarla. Cansados de caminar, nos acostamos bajo un gran árbol, planeando el futuro e intercambiando votos de amor.

- Asca, encontraremos la cueva en cuanto amanezca y allí estaremos a salvo.

Confiados, nos quedamos dormidos.

Me desperté con los gritos de Asca, salté rápidamente, levantándome y me encontré rodeado por los hombres de mi pueblo. El padre y el hermano de Asca la sujetaban, ella pateaba y me pedía ayuda. Reaccioné luchando con mi bastón, la única arma que tenía.

Mi bastón era una pieza de madera regordeta, que medía unos dos metros de largo. Luché desesperadamente, mi esfuerzo fue en vano, había muchos en mi contra y morí por los golpes que recibí, mi cuerpo quedó allí, se fueron con Asca que fue sacrificada tan pronto como cayó la noche.

Asqueado, me quedé allí, vagando por los lugares que una vez fueron tan queridos para mí. Creíamos que cuando el alma muriera iría al Valle de los Muertos, como no tenía un funeral, creía que no la encontraría. Y no lo encontré, no porque no estuviera enterrado, sino por mi rebelión. Cansado, decidí buscar el Valle, lo encontré y fui rescatado. Encontré a Asca y nos hicimos amigos. Allí me aconsejaron que olvidara la revuelta y el rencor que tenía por los sacrificios humanos. Lo prometí. Regresaría en la carne, ahora morando en el país vecino, donde no había sacrificios humanos.

- ¡Podría enseñarles a no cometer más estos actos crueles! - exclamé.

- Astorie - me exclamó un protector - no estás preparado para tal evento, otro lo hará a su debido tiempo. Ve, encarna y trata de vivir bien entre esta gente pacífica, y olvida tu antiguo pueblo, creencias y costumbres. Recuerda que la violencia no acaba con la violencia. Intenta meditar en lo que te han enseñado. Él podría, por pasión, no preparado para la tarea, hacer más daño que bien a esta gente sencilla.

Bajé la cabeza, traté de memorizar todo lo que había aprendido allí.

Reencarné en el país vecino, una región más rica y con más conocimiento, fui el sexto hijo del rey, un príncipe fuerte y robusto, tenía el nombre de Kark. Adoramos a muchos ídolos como dioses, hicimos pequeñas ofrendas y el sacrificio humano estaba prohibido y era inmoral.

Desde pequeño me intrigaba el pueblo de Vale, una región vecina, me gustaba escuchar historias que se contaban sobre ellos y se me ponía la piel de gallina cuando se hablaba de sacrificios humanos. Cuando llegué a la edad adulta, quise conocer la Tierra de los Sacrificios, como llamaba a los vecinos, le pedí a mi padre que me dejara visitarla. Habiendo recibido el permiso, me fui con una pequeña escolta con regalos y golosinas.

Me recibieron bien, con fiestas, me di cuenta de lo sencillos y pacíficos que eran, ni siquiera tenían armas como las nuestras. Traté de complacerlos enseñándoles a hacer objetos que usamos nosotros, desconocidos para ellos. Hablé de nuestros dioses y de lo incorrecto que era el sacrificio humano. Me agradecieron y me dieron muchos regalos; sin embargo, me dejaron claro que no cambiarían sus creencias y que, por el bien de todos, cada uno debía cultivar sus creencias.

Regresé aburrido, no me emocionaba nada, solo pensaba en los vecinos. Mi padre me aconsejó que los olvidara. Lo intenté. Rezaba mucho a mis dioses, en estos momentos me indicaban que los dejara en paz, pero pronto me invadió un enorme deseo de acabar con los crueles sacrificios. Terminar con los sacrificios humanos me obsesionaba.

- Hijo mío, ¿qué pasa? ¿Está enfermo?

- Nada nada...

Mi padre se preocupaba por mí, trataba de complacerme. Luché muy bien y participé en torneos, mi padre estaba orgulloso de mis victorias. En una de las fiestas principales, fui el ganador y mi padre me dijo que eligiera mi premio.

- Quiero permiso para invadir a la gente del Valle y acabar con sus crueles cultos que ofenden a nuestros dioses.

Mi padre trató de cambiar mi pedido ofreciéndome premios interesantes.

- Deja, Kark, a los vecinos solos. Llevamos años sin guerras, son buena gente, comerciamos con ellos. ¿Qué nos importa su creencia? Se matan unos a otros, son salvajes.

- Solo destruiré sus dioses y altares, mataré a los ancianos, cambiaré la creencia.

- Promete no sacrificar jóvenes y niños.

- Lo prometo.

Así, al mando de muchos soldados, marché contra la gente inofensiva, sin escuchar las voces de los buenos guías desencarnados, para dejarlos en paz, allí estuve peleando con mi antigua gente, parientes y amigos. Ellos no reaccionaron, por sorpresa entré a sus ciudades, destruyendo sus dioses y altares, muchos murieron tratando de defender lo que les era querido. Pensando que ya había destruido suficiente, regresé a mi país, sin poder evitar que mis soldados robaran y abusaran. La hazaña fue comentada por mi país y me consideraron un héroe. No estaba feliz, sino triste.

Sentí un vacío enorme, comencé a tener ataques de llanto, los gritos de las víctimas amenazaban mi sueño, dejándome nervioso. Más aun que todo era inútil, sabía que mi invasión era considerada un castigo. Y, para apaciguar a sus dioses, varias personas fueron sacrificadas y todas como voluntarias. Murieron por sus dioses y sus creencias.

Decidí dejar de pensar en ellos y pasé el resto de mi existencia entre los placeres y la ociosidad. En una pelea, atacado por la traición, desencarné y fui perseguido por mis enemigos y por los muchos que maté o fueron asesinados bajo mi orden, por los que se sintieron violados en sus preciosas creencias.

"¡Maldita sea! ¡Maldita sea mil veces!"

Que horror es escuchar esto. Durante años fui perseguido, me escondí en uno de los agujeros del Valle de la Muerte, o Umbral. Cansado, traté de recordar la guía que tuve antes de encarnar, recordé a los amables hermanos que trataron de instruirme y quise ardientemente estar con ellos, fui ayudado.

Reconocí mi error y, para quitarme el dolor, dije que ya no quería oír hablar del mal. Las oportunidades se nos dan y he tenido varias encarnaciones para despertar en mí los mejores sentimientos.

Regresé en un cuerpo femenino. Pero... ay, las facilidades me hicieron poner el egoísmo en primer lugar. Siendo madre, no podría amar a mis hijos más que a mi egoísmo. Ni siquiera el sentimiento maternal me despertó para siempre. Amé a mis hijos, los eduqué con mis errores y para que me sirvieran. Siempre volvía disculpándome, siempre culpando de mis fracasos a las circunstancias y a otras personas como si pudiéramos deshacernos de nuestros errores y responsabilidades, tenemos nuestro libre albedrío, hacemos lo que queremos pero las acciones que hacemos son nuestras y la espiritualidad no acepta excusas, no sirve de nada culpar a otros por nuestra defensa.

- Es la pobreza - dije -. Durante siglos he sido pobre, hambriento, falto de mis necesidades, teniendo que luchar para sobrevivir me hizo egoísta. ¡Es el miedo a la miseria! No tenía nada, ¿cómo dar?

- ¿Piensas entonces, espíritu, que no tenías nada para dar? ¿Y la caridad moral? Dar no es solo distribuir materialmente. Como tiene quejas, entonces regresa en riqueza. Tendrás que dar. Pero, te recuerdo, si no tienes los bienes materiales para ayudar a los demás, volverás en peores condiciones.

- Me siento preparado, sabré repartir.

Cuantas veces desencarnados prometemos y encarnados las facilidades, los vicios, nos hacen olvidar. La riqueza en manos del egoísta es como veneno, maltrata a muchos y corroe el periespíritu. Hice con las riquezas materiales todo lo que aspiraba mi espíritu, asistía a sociedad, fiestas, cazaba, me casé con una mujer noble tan ambiciosa como yo, tuve hijos que fueron criados por amas. Tuve muchas amantes, participé en intrigas y tuve amistades por gusto. Yo era exigente como jefe, mis sirvientes fueron tratados inhumanamente. No sentía pena por nadie, odiaba a los pobres, que para mí eran sucios y flojos. Echaron de mi casa a los sirvientes mayores, así como a los que tenían hijos. Tuve una larga existencia y no hice nada útil, desencarné con gran sufrimiento y fui perseguido nuevamente por los enemigos que me hice. ¡Qué triste es la existencia de los que hacen enemigos! Durante años los tuve frente a mí acusándome:

- ¡Malvado! ¡Tuviste la culpa que mi hijo desencarnara!

- ¡Desencarnamos como mendigos cuando nos expulsaron de tu castillo!

- ¡Me desencarné de hambre después de servirte tantos años, desagradecido!

Lloré de humillación y dolor, durante años deambulé por mi castillo acompañado de mis víctimas. Gradualmente, las personas a las que lastimé me abandonaron y me dejaron solo. Cansado, pedí perdón y fui ayudado.

- No quiero más riquezas. El oro es una tentación muy fuerte. Quería ser rico, lo fui, no usé los valores materiales para hacer el bien. Para beneficiarme, cometí muchos errores, yo sufrí.

- ¡Quiero ser pobre!

De nuevo trataron de instruirme. Siempre recibimos lecciones, consejos, asimilamos, aprendemos si realmente queremos. Como los errores, causas materiales, finitas, no pueden producir efectos infinitos, no hay castigos eternos, recibí una nueva oportunidad. Reencarné, volviendo pobre, rechazado y feo. Mi espíritu estaba tan saturado de malos sentimientos que necesitaba sufrir para purificarlo.

Empecé a trabajar de niño, en mi juventud, enfermé de lepra, teniendo que mendigar para sobrevivir. Desencarné a los veintidós años. Fui rescatado y la lepra despertó en mí el deseo de sanar, de ayudar a los que sufren, trabajé durante años en el espacio para aprender a sanar.

- ¡Qué falta de gente curativa! - Exclamaba siempre.

Deseando encarnar y trabajar curando enfermedades, fui atendido y regresé a una familia rica para estudiar. Me esforcé mucho y cuando aun era egresado, en los primeros años después de graduarme, me dediqué de buena gana a la carrera elegida. Me interesé por una muchacha muy hermosa, noble, de buena familia, al principio pensé que sería correspondido; sin embargo, ella se interesó por otro, un noble consejero del rey con quien se casó. Odiaba a mi rival y muchas veces intercambiamos insultos. Pero terminé casándome con una chica muy rica. En ese momento fallecieron mis padres y, en posesión de los bienes de mi familia y de mi esposa, me envolvieron otros intereses, dejé la medicina en un segundo plano.

Solo me ocupaba de familiares y amigos, negándome a ayudar a los extraños y a los pobres que me eran detestables y sucios. Del mendigo que fui, no quedó nada. Cuando la lección no se aprende, se olvida fácilmente .Terminamos siendo vecinos, mi rival de amores y yo, empezamos a tolerarnos sin mayor amistad. Pasaron los años y el gusto por las facilidades, el disfrute del dinero anuló cualquier intento que los buenos espíritus hicieran por hacerme responsable.

Tuve tres hijas y un hijo que se enamoró de una de las hijas del vecino rival. No quise dar mi consentimiento, así que se escaparon y volvieron casados. Terminé aceptándolos a ellos y a mis vecinos también. Empezamos, cordial y socialmente, a vernos. Él, como yo, era médico y no ejercía la medicina porque la encontraba demasiado rudimentaria.

Desencarné siendo viejo, regresé a la vida espiritual con mucho sufrimiento, encontré al suegro de mi hijo, sufrimos juntos, pero nos hicimos amigos, siendo ambos ayudados al mismo tiempo. Nos arrepentimos de nuestros errores, prometimos volver al cuerpo carnal y practicar realmente la medicina, dedicar el afecto al arte de curar. Encarnamos en la misma familia como hermanos, siendo hijos de un amable y leal médico.

Yo era entonces Jayks y él, mi hermano, Mark. Muchachos, acompañamos a nuestro padre en su honrosa y dedicada obra. Para orgullo de nuestro padre, estudiamos medicina, pero nuestro amable padre falleció tan pronto como nos graduamos.

Este es mi recuerdo más triste, solo por la bondad del Padre, que nos da nuevas oportunidades, otras encarnaciones, por las que ardemos de dolor, males y errores, alcanzo a decirlo sin temblar. Las cosas malas dejan marcas profundas que solo se curan con el tiempo, con el sufrimiento, el trabajo y el amor. En todo lo que hagamos, bueno o malo, debemos pensar que estamos en la presencia del Padre y que lo que vamos a hacer no lo avergonzará.

Pronto olvidé las promesas que hice antes de reencarnar y los ejemplos de mi padre en esta encarnación. El espíritu no retrocede, puesto a prueba demuestra si ha asimilado el saber, si se ha superado, si se ha liberado de sus vicios.

Incapaz de probarlo, no puede estar seguro que realmente gané.

Egoísta, pronto me dominaron las ambiciones, el anhelo de riquezas, solo quería servir a clientes ricos que me pagaran bien. Pero Mark, mi hermano, pensaba como yo y empezamos a pelear por la clientela rica. La ciudad en la que vivíamos era de tamaño mediano y no había espacio para nosotros dos y como Mark era más inteligente, yo estaba tomando la iniciativa. Me mudé a la ciudad vecina.

Me casé con una joven rica, me establecí en esta ciudad, fui respetado y pronto dupliqué mi fortuna. Mis clientes eran solo gente adinerada que me pagaba bien, evitaba atender a los pobres y cuando lo hacía nunca dejaba de cobrar, sin importarme si tenían o no dificultad para pagar. Marcos también prosperó, no habiendo más que discutir, volvimos a ser amigos.

Nos visitábamos a menudo, intercambiábamos ideas sobre nuestro trabajo y Mark siempre me decía:

- Lo que le falta a la medicina, Jayks, es investigación. Si estudiáramos más, descubriríamos formas asombrosas de curas. ¡Investigación y estudios! Para hacerlo, es necesario saber y conocer, es necesario investigar, descubrir. Qué famosos y ricos seríamos si descubriéramos nuevas formas de curar, de evitar la muerte, seríamos eternos...

No contento con lo que tenía, siempre queriendo más, la idea me tentó, entonces mi sueño era ser famoso, más que el rey, tener un nombre en la historia, ser respetado y halagado. Terminé convencido que Mark tenía razón, yo más que nadie sabía lo inteligente que era, necesitábamos investigar.

- No podemos, Mark, hacer estas investigaciones en cualquier lugar, tendría que ser lejos de nuestras casas y, como el secreto es el alma del negocio, debemos mantener el secreto.

- ¡Eso es todo! Muchos son capaces de intentar detenernos con envidia. La riqueza y la fama atraen a los envidiosos.

Mark pronto encontró un lugar ideal, era una casa grande y antigua, que después de algunas reparaciones nos sirvió perfectamente. Estaba en el campo, aislado, escondido en un valle, sin vecinos. Estaba situado entre las dos ciudades, lo que facilitaba nuestras idas y venidas. Mark contrató a cinco servidores de confianza, pronto nuestro laboratorio estuvo listo para nuestros estudios e investigaciones. Empezamos con el trabajo, estudiando los cuerpos de los muertos desenterrados en Campo Santo, por Jartir, nuestro fiel servidor.

Estudiamos órganos, revisamos nervios, huesos, etc., principalmente los relacionados con la visión y el oído.

- No es tan difícil, no puede ser imposible - dijo Mark entusiasmado -. Ambos haremos fortunas, espera y verás, cuando hagamos que los mudos hablen y los ciegos vean, seremos reconocidos como genios.

Pasaron dos años.

- Es necesario conocer los órganos y ver cómo funcionan en las personas vivas, solo así los entenderemos mejor. Necesitamos hacer intercambios, trasplantes en seres vivos. Sé que esto es posible, créeme Jayks, es solo una cuestión de averiguarlo, siento que no es difícil.

Mark estaba cada vez más entusiasmado con nuestros estudios e investigaciones, hablaba con tanta convicción que me dejé convencer. Pasamos días en esta casa, trabajamos de noche e hicimos todo lo posible para permanecer de incógnito. Estaba convencido que descubriríamos al menos diez formas de cura, empezamos a probarlo en seres vivos.

Tuvimos que adquirir cuyes e hicimos muchos trucos para conseguirlos. Nuestros sirvientes, comandados por Jartir, encarcelaban a mendigos, vagabundos, a veces familias enteras incluso con niños. Muchas personas fueron secuestradas para que las usáramos en nuestros estudios. El gobernador de la ciudad donde vivía Mark era muy amigo suyo y nos enviaba a los convictos y encubría posibles denuncias de desapariciones.

A veces sentía pena por los conejillos de indias, pero lo justificaba:

- ¡Es por el bien de la ciencia! Nada se hace sin el sacrificio de alguien. Son pobres, deberían sentirse honrados de morir por la ciencia. Cuando obtengamos resultados, cuando seamos famosos, podremos remediar el dolor de mucha gente rica.

Y la investigación siguió, rompimos huesos para enderezarlos, operamos ojos, oídos, intercambiamos órganos, abrimos el tórax para ver cómo funcionan los órganos. Pero pasó el tiempo y nuestra investigación no funcionó, lo intentamos de muchas maneras, nada funcionó.

A los conejillos de indias, antes de operarlos, se les administró un fuerte anestésico y muchos murieron sin recobrar el conocimiento. Muchos quedaron tan mutilados que los envenenamos para que ya no sirvieran. Al no poder entender por qué nada iba bien, comencé a aburrirme. Un día, cuando me enteré que ya habíamos matado a sesenta y cinco personas, me asusté y le dije a Mark que me rendía.

- Es por cobardes como tú que la ciencia no avanza.

No estamos lejos, intentemos un poco más.

- ¿Cómo no estamos lejos, Mark? No tenemos nada concreto. Si quieres continuar, para mí, ¡es suficiente!

Y lo hice. Regresé a casa, no volví al laboratorio, ya no tenía ganas de ir a la clínica, me aislé de todos y comencé a sentirme cada vez más cansado y triste. Vi a Mark un par de veces y no hablamos más. Obsesionado por mis víctimas, comencé a tener actitudes extrañas, a tener miedo a la oscuridad, a estar solo, comencé a ver figuras y sentir escalofríos. Empeoró cada día que pasaba, teniendo crisis, comencé a atacar a las personas, amenazándolas de muerte. Mi familia pensó que era mejor encerrarme en mi habitación. Cuando mejoraba de las crisis, lloraba de dolor y me lamentaba.

- ¡Atrapado en esta habitación como un animal! ¡Quería ser un hombre importante, hacer curas milagrosas!

Mis familiares pocas veces me visitaban porque, estando mejor, los llenaba de mis lamentos, si en crisis, los atacaba tratando de matarlos. Entonces me quedé allí durante tres años, desencarné débil y muy triste. No abandoné el cuerpo, tuve miedo de desconectarme de él, haciendo del cadáver mi escudo, temeroso de las víctimas que me rodeaban, deseosos de venganza. Me sentí pudriéndome, los gusanos devorándome. Dejé el cuerpo enloquecido, perseguido por los que habían sido mis conejillos de indias. Para los que no quisieron perdonarme. Muchos me perdonaron, especialmente los niños que siguieron felizmente el camino del bien. No perdonar es unirse al agresor, sufrir juntos. Quien no perdona no descansa, no deja de sufrir, solo tiene un pensamiento: castigar al agresor, haciéndolo sufrir. Como si no fuera a obtener la reacción de sus acciones. Al no perdonar, olvida el bien que podría hacerse a sí mismo, se detiene en el camino, no avanza.

Aquellos que no perdonan no pueden ser ayudados por buenas personas ni permanecer en buenos lugares.

Me tiraron a un hoyo y estuve allí durante años, atormentado, sufriendo mucho.

Encontré a Mark y pronto se me unieron los cinco sirvientes. Nos odiábamos, cada uno se disculpaba y culpaba al otro. Pensé que era culpa de Mark que estuviera sufriendo así, quien me convenció de hacer lo que hice. Siempre es más fácil culpar a los demás de nuestros errores que reconocer los grandes errores que somos. Nos convertimos en feroces enemigos, insultándonos y atacándonos constantemente.

Sufrimos durante años, lo que parecieron siglos. Una falange de espíritus malignos y ociosos nos liberó y comenzamos a seguirlos, cometiendo travesuras y pequeñas trabajos. Como Mark y yo siempre peleábamos, nos separaban en diferentes grupos.

Doscientos diez años después de desencarnar, comencé a hartarme de esa vida sin rumbo, no quería lastimar a nadie, cansado, sentía la necesidad de cambiar. Quien hace cosas malas se vacía, se entristece y comienza el remordimiento para hacer un nido. Me di cuenta de lo injusto que había sido con las personas que me sirvieron como conejillos de indias.

- Dios mío, fue gente como yo, cómo pude hacer todo eso.

Me aislé del grupo sintiéndome muy amargado. Un día pasó junto a mí un rescatista con aire tranquilo y amable. Lo seguí, sin tener el coraje de decirle una palabra. Él se dio cuenta y se acercó a mí.

- ¿Qué quieres, amigo? ¿Necesitas algo?

Su voz era como una melodía, no podía hablar, grité fuerte, me abrazó. Me llevaron a un Puesto de Socorro, me sentí bien, sin dolor después de tantos años de sufrimiento, me sentí reconfortado. Encontré a Mark que también había sido rescatado, habíamos pagado caro nuestros ambiciosos sueños, lo había odiado, pero luego entendí que no me había obligado, lo hice porque quería, no podía seguir culpándolo, reconocí mis errores. Estábamos en igualdad de condiciones, necesitados, no hablábamos, nos evitábamos.

Tanto orgullo teníamos que pensábamos que éramos mejores que los demás. Sentí mucho remordimiento, sentí como una herida que me quemaba, quería sufrir en la carne, quería reencarnar para olvidar mis errores, pedí la bendición de la reencarnación.

# Sufrimiento

La culpa convertida en remordimiento me consumía. No debería haber actuado a la ligera experimentando sin conocimiento, no debería haber actuado así con los seres humanos.

- Por favor, quiero olvidar - pedí a la dirección de la casa de rescate donde estaba.

- Solo la bendición de un nuevo cuerpo te dará el olvido que anhelas - aclaró el consejero.

- Por piedad, quiero olvidar, quiero encarnar y sufrir. Nada es peor que el dolor del remordimiento, cualquier dolor es mejor. Anhelo deshacerme de estos recuerdos, no quiero recordar los errores que he hecho.

- Hermano, tendrás esta bendición, a todos Dios les da esta oportunidad. Encarnado, olvidarás; sin embargo, sufrirás. Cada uno sufre como debe y no necesariamente por los mismos errores. Anhelas rescatar tus faltas, ¿estás listo?

- Para olvidar todo lo que voy a presentar.

- Quieres olvidar, tantos lo hacen, muchos como tú prefieren sufrir encarnados. Sin embargo, en el cuerpo preguntan por qué ese olvido y muchos no creen en la reencarnación porque no recuerdan nada de sus otras existencias.

- Instructor - le pregunté - ¿no es por la bondad de Dios que nos olvidamos? ¿Cómo puedo vivir encarnado recordando todo lo que he hecho?

- La Obra Divina es perfecta. Olvidar otras existencias es para nosotros progresar, enloquecerías tu cerebro físico al recordar tus errores, estos recuerdos solo no te molestarán después de equilibrarte con las Leyes Divinas. Tantos encarnados no serían capaces de amar a familiares, antiguos enemigos, otros no aceptarían una simple existencia, recordando riquezas y poder del pasado. Pides el olvido como fin de tu sufrimientos, pero encarnado sufriría de otras formas, sentiría intuitivamente que este sufrimiento no es injusto contigo, todos lo sienten, pero no todos lo aceptan y muchos se rebelan. Cada encarnación es una oportunidad para empezar de nuevo. Había olvidado, encarnado y vuelto a empezar.

Me hice pobre, hijo de sirvientes de un castellano, desde chiquito me obligaron a trabajar para mi sustento y por lo que sea fui castigado. Trabajé duro, no me rebelé, pero fui débil y enfermizo. Conocía a María desde que era una niña, era hija de sirvientes como yo, cuando éramos adolescentes salimos, nos casamos y tuvimos dos hijos. Cuando mostré los primeros síntomas de la lepra, temblé de miedo ante los castellanos que decidirían mi destino.

- ¡Un criado leproso, qué peligro! ¡Qué horror! ¡Fuera de mi propiedad! ¡Debería matarlo!

- Déjalo, no te ensucies las manos, esposo mío, entrégalo a las autoridades.

- Llamaré a los soldados, váyanse.

Me despedí de mis parientes lejanos, dejando a mi joven esposa llorando con sus dos hijos en brazos. Salí llorando nunca más, encarnado, de verlos. Un soldado me llevó al Valle de los Leprosos, viajamos durante dos días, lo seguí como un autómata, cuando me acerqué, el soldado me dijo:

- Ahora debes ir solo, solo sigue este camino.
Adiós.

No respondí, no tenía ganas de hablar. Miré el lugar, era hermoso, rodeado de montañas, luego llegué al Valle de los Leprosos. Me recibieron con frialdad.

- ¡Uno más! ¡Otro! - Exclamaron.

Era uno más para acomodar a través de cuevas y chozas. Me quedé en una choza pobre, con una sola cama, una plataforma de madera con un colchón de paja.

Pocos trabajaban allí, la enfermedad, el aislamiento no daban valor. Solo los más fuertes trabajaban cuidando un pequeño rebaño de cabras que proporcionaba la leche que se repartía entre todos, y sembraron algunas hortalizas y cereales. Los que se sentían mejor cuidaban a los que estaban más enfermos. Al lado de las chozas estaba el cementerio, el lugar donde todos sabían que estaba su futuro.

Todos los días, dos o tres pacientes salían al camino y se quedaban allí mendigando desde lejos. Por la tarde traían lo que habían recibido, pero siempre había poca ayuda. El caso es que allí pasamos hambre y frío, viendo cómo nuestros compañeros se pudrían, se les caía la carne y morían. Y viendo la enfermedad ir marcando nuestro propio cuerpo en un gran sufrimiento. Muchos se rebelaron, otros más resignados calmaron a los exaltados, con muchas peleas e intercambios de insultos. La añoranza por mis familiares me castigaba mucho, pasaba horas pensando en ellos, imaginando cómo les iba. Nunca volví a saber de ellos y ellos tampoco de mí. Un leproso murió al mundo al entrar al Valle.

Al poco tiempo de mi llegada, un joven como yo, conocí a Lázaro, que era muy bueno, paciente, cuidaba con amor a los que estaban en estado grave. Nos hicimos amigos, aprendí mucho de él, comencé a ayudarlo a cuidar a los más enfermos. Lázaro era cristiano, casi todos los días nos reunía y contaba con su voz armoniosa las parábolas de los Evangelios. Tenía mucha fe y estaba muy resignado. Había sido pastor de cabras en su pequeño pueblo, quería mucho a sus padres, a quienes extrañaba mucho. En el Valle seguía cuidando el rebaño, que también era mi trabajo, y también ayudaba en la limpieza de las chozas. Ambos preferíamos trabajar en lugar de ir a mendigar. Nunca salí del Valle. Lázaro nunca se quejó de su enfermedad, nunca se quejó del dolor. Me gustaba escucharlo, hablar con él, absorber todo lo que me enseñaba.

- José - así me llamó - el sufrimiento es una limpieza para nuestra alma. Quien sufre mucho, ha pecado mucho. También puede ser el sufrimiento, el dolor que nos lleva a progresar, a encontrarnos con las enseñanzas de Jesús y vivirlos. El sufrimiento, las dificultades son las resistencias que encontramos y nos hacen despertar al bien. Estoy agradecido por mi enfermedad, Dios es bondad, un día entenderemos por qué somos leprosos. Creo, José, que nunca he amado tanto a Dios como ahora, nunca me he esforzado tanto en ejemplificar en Jesús como en estos años que he pasado aquí en el Valle.

Allí, muchos rebeldes blasfemaron y cuando oímos tales cosas, Lázaro preguntó:

- Oremos, José, no sabe lo que dice. Éste es mucho más infeliz, por no saber sufrir como Jesús nos enseñó. Sufrir con rebeldía no purifica el alma.

Lo quería como a un hermano y la enfermedad nos pasó factura. Vi mis dedos y orejas caerse, mi nariz deformada, heridas por todo mi cuerpo. Fue bastante triste. Sentía odio y rabia hacia alguien que no sabía quién era, ese alguien tenía la culpa, sentía que alguien tenía la culpa de sufrir de esa manera.

Ocho años pasé en el Valle. Irónicamente, un lugar tan hermoso y tan triste que me sirvió de hogar. Mi enfermedad había llegado a su etapa final, no podía levantarme de la cama y Lázaro me cuidaba con amor.

- Lázaro, pronto serás como yo. ¿Quién te cuidará?

- Confiemos. Si merezco tener a alguien a mi lado, lo haré. ¿Por qué preocuparse por el futuro? Me basta el sufrimiento del presente.

Desencarné a los treinta años. Esa mañana me sentí mejor, a la mañana siguiente me sentí frío, rígido, diferente y sin dolor. Mi cuerpo murió y no se había desligado.

- ¡José, mi amigo está libre!

Era la voz de Lázaro que, emocionado, oraba por mí. Qué bálsamo es la oración sincera. Qué importante es tener a alguien orando con fe y sinceridad a una persona recién desencarnada.

Me sentí ligero, el frío se había ido, floté alrededor de la humilde choza, sin entender lo que estaba pasando, me acosté al lado de mi cuerpo, que iba a ser removido y enterrado. Quedé encantado con el alivio que sentí y me quedé dormido.

Me desperté de buen humor en un Puesto de Socorro, donde supe que había desencarnado.

Días después pude abrazar a Lázaro, que había regresado feliz.

- José, no me quedé en cama, me dieron de alta antes de la etapa final. Tuve un ataque al corazón.

- ¡Te ves tan apuesto! - Exclamé, viéndolo luminoso.

- Amigo, volví feliz. Me siento incluso conmigo mismo después de haber pasado por los sufrimientos que sabes. Rescaté mis errores a través del dolor, a través del amor.

- ¿Sufrimos cosechando lo que sembramos?

- Sí. ¿No es justo que el que se ensucia tenga que limpiarse? ¿Y rescataste tus errores?

Pensando en esto, quise saber la razón de mi sufrimiento y me permití recordar pedazos de mi pasado. Lloré mucho, no había rescatado todo, me sentía carente, quería volver a la carne y continuar con mi cosecha, no quería tener el dolor del remordimiento.

- Quiero rescatar, tengo que sufrir. Quiero volver a la carne… - Pedí llorando.

- Hermano - dijo un benefactor instruyéndome - el sufrimiento es un rescate, un pago egoísta, que solo te hará bien. Puedes regresar y hacer el bien a los demás.

- No. Esto es para los que se sienten fuertes. Necesito sufrir para encontrar el camino. Podría cometer más errores y tengo miedo de cometer errores. Necesito pagar mi deuda, nadie me cobra, solo yo, para tranquilidad.

- La elección es tuya, respetamos tu libre albedrío. Que se haga como quieras.

Encarné en un pequeño pueblo, hijo de madre soltera. Éramos muy pobres, vivíamos en una casita cerca de la carretera en las afueras, con pocos vecinos, con lo pobres que éramos. Mi madre se dio cuenta que yo era ciego cuando era un bebé, con dificultad, me llevó a un médico en la ciudad vecina que cargó todos sus ahorros y escuchó de él:

- No hay manera, tu hijo es ciego y la medicina no podrá hacer nada por él.

Ser ciego de nacimiento es muy extraño. Puedes percibir objetos y entenderlos con tus manos, distinguiendo sonidos. Uno acaba viviendo, haciendo un mundo aparte, un mundo oscuro. Mi madre era muy trabajadora, de su trabajo honesto vivíamos.

- Juan, hijo mío, mamá va a repartir ropa en la ciudad, quédate quieto aquí.

Casi nunca salía, para mí todos los lugares eran iguales, no me gustaba mucho estar con otras personas. Los niños del vecindario se burlaban de mí y no me dejaban jugar con ellos y escuchaba muchos comentarios de los adultos.

- ¡Es Juan, el ciego! ¡Pobre hombre!

Me sentí como un animal raro siendo observado. En nuestra casita nada me faltaba, caminaba solo y sabía dónde estaba todo. Afuera, No. El mundo me era desconocido y lo temía. Mamá me mimó, evitándome todo lo que podía. La comida se servía en la mesa. No me dejó hacer nada que pudiera ser peligroso.

- No te acerques a la estufa, Juan, podrías quemarte. Le gustaba barrer y lo hacía todo el tiempo, en nuestra casa y alrededor de ella, también lograba sacar agua del pozo y llevarla a casa. Mamá buscó leña en el monte para hacer nuestra comida, a veces la acompañaba, a ella no le gustaba, y a mí tampoco. Me rasqué las piernas y terminé frenándola porque, además de llevar los palos, aun tenía que guiarme por el difícil camino. Mamá nunca se quejó, era buena y todos la querían.

- Mamá, los otros chicos tienen padre y madre, ¿por qué yo solo te tengo a ti? - Le pregunté un día.

- Somos solo nosotros dos, el uno para el otro. Ya no tenemos familia, quedé huérfana pequeña y sola. Tienes un padre como los demás chicos, pero no sé él. Un día, pasó por el pueblo, me enamoré, era guapo, pero se fue y ni supo de ti.

Había cumplido los dieciséis, un día al despertar traté de escuchar lo que hacía mi madre todos los días. Todo estaba tan tranquilo que me sorprendió y grité por ella.

Nadie me respondió, sentí una opresión en el corazón, un extraño presentimiento, me levanté y fui a su cama.

Mamá yacía allí, fría y tranquila. Pasé mi mano por su rostro, sus labios estaban cerrados. Corrí y llamé al vecino.

- ¡Juan, tu madre está muerta!

- ¿Muerta? ¿Cómo es estar muerto?

- Es como el gatito de Jairo, se queda así sin moverse, ya no habla. ¡Ella murió!

- ¿La van a enterrar como al gato?

- Sí, Juan, es necesario, es así con todos.

¡Cómo sufrí! Para los que no entienden lo que es la muerte física, para los que no ven la desencarnación como un cambio de planos, al perder a un ser querido se siente como si le hubieran quitado un trozo. Para mí mi madre lo era todo, mis ojos, mi sustento, mi protección. La amaba mucho, pero egoístamente pensó en agonía:

- ¿Qué será de mí? ¿Cómo viviré?

Me consolaron los vecinos que se quedaron conmigo en el velatorio y siguieron el entierro, escuché muchos comentarios:

- ¿Qué será de él? Somos demasiado pobres para acogerlo.

- Tendrás que rogar para comer. ¡Como madre, te extraño!

No quise pedir limosna, pensé que era mejor morir de hambre. Después del entierro, estaba solo en la casa, sentí el enorme peso de la soledad. Esa noche, una vecina me trajo un plato de sopa, aclarándome que solo sería para ese día. El otro día comí lo que tenía en casa, mi cuerpo sano y adolescente sentía hambre.

- Solo sé cocinar, haré mi propia comida.

Todavía tengo frijoles.

Intenté encender la estufa, noté que no había leña. Llenándome de valor, decidí ir a buscarla al campo. Con mucha dificultad caminé, tanteando alrededor, logré recoger algunos palos. Pensando que los que había atrapado eran suficientes, decidí regresar. Caminé un buen rato.

- ¡Debería haber llegado ya, no escucho voces!

Resbalé y rodé cuesta abajo, logré agarrarme a un árbol pequeño.

Allí me quedé quieto, sin moverme, sin atreverme a subir por miedo a caer más.

- ¡Dios mío! – Exclamé -. ¿Dónde estoy? ¿Será que este agujero es profundo?

Empecé a gritar desesperadamente, pidiendo ayuda a gritos hasta que escuché:

- ¡Calma! ¡Calma! Te salvaré. Cállate, habla con calma y no grites más. No tengas miedo. ¿Como te llamas?

Me calmé, respondí las preguntas cuando me di cuenta que un hombre fuerte se me había acercado.

- ¿Estas herido?

- No, solo me rasqué un poco, ni siquiera me duele.

- ¿Cómo te caíste hijo? - dijo mi salvador, pasando su mano por mi cabeza -. ¿Cuántos años tienes?

- Dieciséis, soy ciego, señor.

- ¡Oh! Bueno... Subamos, si Dios quiere. Me ató por la cintura con una cuerda y me dijo que la sostuviera.

- Subiremos despacio, no hay peligro.

Sostuve la cuerda con fuerza y subimos a la cima.

- Ahora es seguro, Juan, pero ¿cómo llegaste aquí?

- Vine a buscar leña. No estoy acostumbrado a hacer esto o caminar solo. Mi madre, mi guía, murió hace tres días, dejándome solo. Vivo en la ciudad, creo que tendré que dar la vuelta y aprender a vivir solo. Pero no sé cómo. Será difícil. Mi barrio es tan pobre como yo y no quiero mendigar. Tenía unos frijoles en casa y decidí cocinarlos. Al no tener leña para encender la estufa, pensé que podría conseguir leña en el barrio y vine. Terminé cayendo. Empecé a llorar.

- No llores, no te pasó nada grave, tomaste la dirección equivocada y se alejó de la ciudad. Vivo cerca de aquí, ¿no quieres venir a mi casa? Solo sube un poco más.

Vivo en las montañas, vivo solo. Mi nombre es Daniel.

¿Vamos a ser amigos?

- Gracias, Daniel. Acepto tu invitación, nadie me espera en casa...

Daniel me tiró de la cuerda, guiándome, me di cuenta que estábamos arriba.

- Está bien, estamos aquí. Te daré agua fresca. Sentí por el olor, por la frescura que el lugar era hermoso, todo en calma.

Daniel me sirvió pan, queso y fruta, que comí con mucho apetito.

- Ven, acuéstate y descansa. Curemos tus heridas. Aplique un poco de medicina herbal a sus heridas con este paño.

Puso un paño húmedo en mis manos y lo froté donde me dolía. Me sentí aliviado, le di las gracias y me quedé ahí escuchando el canto alegre de los pájaros en la tarde moribunda. Cansado, me quedé dormido. El otro día me desperté y escuché ruido en la casa.

- Juan, ¿ya estás despierto? Ven y aliméntate.

Daniel se acercó a mí, tomó mi mano y me guio a la mesa ayudándome a sentarme, puso mi desayuno frente a mí. Bebí el té, encontrándolo delicioso, levanté la taza para que me sirvieran de nuevo. Pero Daniel no se dio cuenta.

- Sírvame más té, por favor.

Daniel chocó contra la taza y la derribó. Escuché a tientas para recogerlo.

- ¿Que tiene? ¡Es raro! ¿No viste la copa? ¿Por qué me gustas?

- Porque soy como tú, ciego. ¡Estoy ciego!

- ¡¿Ciego?! ¿Cómo lo haces todo tú mismo?

- Solo aprende y ten la voluntad. ¿No quieres aprender?

- ¡Deseo! Me gustaría mucho.

- ¿Por qué no pasas un tiempo aquí conmigo? Te enseñaré a ser como yo.

Le agradecí, tal vez después de aprender podría hacer algo para ganar dinero sin tener que mendigar.

Después de almorzar, bajamos de la montaña, amarrados con la cuerda, Daniel siguió, fuimos a mi casa. Recogimos objetos que nos podían ser útiles y dejé el resto para pagar el alquiler atrasado. Cuando entregué la llave de la casa al dueño, me sentí muy triste, en esa casita había sido feliz con mi madre, traté de mantener la esperanza, podría ser como Daniel. Regresamos a la montaña. Con mucha paciencia, Daniel me enseñó a seguir el viento, a escuchar los sonidos y distinguirlos, a cuidar los animales, el jardín, a ir a la ciudad. Llegué a amar las montañas, donde caminaba solo, siendo autosuficiente. Pasó el tiempo y me quedé, tenía miedo de irme, de enfrentarme a lo desconocido, de tener que rogar. Quería trabajo, no folletos, pero muy pocos entienden esto. Daniel fue como un padre para mí, siempre muy respetuoso, nuestra amistad, nuestra interacción fue pura, dentro de la buena moral y el respeto. Era inteligente y paciente, siempre ayudándome. Un día me contó su historia.

Lo secuestraron, se mudó con una pareja, que vino a la montaña a esconderse. Terminaron alejándose y lo dejaron allí. Lloré de pena por él. Estaba agradecido con Daniel, solo lo tenía a él como amigo, pero no se atrevía a gustarle. A veces, enojado, descargaba mis heridas sobre él, ofendiéndolo. No podía entenderme a mí mismo, pero pensé que él tenía la culpa de sufrir así. Superando la ira, me sentí avergonzado. Pensé:

- "¿Cómo sería culpable si fuera ciego como yo? Sufría tanto y seguía sufriendo y me ayudaba tanto." Pero, en el fondo, pensaba: "¡Él es culpable! ¡Es culpable!"

A pesar de mi amargura y mis ofensas, nunca me despidió, cuando me defendí, luchamos. Mi madre me enseñó a orar, siempre me contaba la historia de Jesús, se la repetía a Daniel y yo le enseñaba a orar. Nunca pude hacer lo que hizo Daniel, no importa cuánto lo intenté no pude igualarlo, Daniel ni siquiera parecía ciego. Era mayor que yo y más fuerte, siempre estuvo ahí para mí.

Yo tenía cuarenta y dos años, comencé a sentirme débil, a toser ya tener fiebre, contraje tuberculosis. Daniel me cuidó con paciencia, así que comencé a respetarlo, tratando de no ofenderlo y luchando con mis pensamientos de encontrarlo culpable. Tosía cada vez más y tenía mucho dolor, me pasaba todo el tiempo acostado, pensaba mucho, oraba con fe, siempre le preguntaba a Daniel.

- Daniel, ¿por qué nacemos ciegos? ¿Por qué son tantas nuestras dificultades?

- Creo que hay explicaciones para todo. No lo sé, pero alguien debe saberlo. Creo en Dios y debe haber razones para que seamos así.

- Siempre he oído que Dios hace todo perfecto. ¿Será que nos equivocamos?

- He estado pensando, no creo que haya sido Dios quien nos creó así, fuimos nosotros los que por alguna razón merecimos la ceguera. Hay tantos misterios...

Sufrí mucho, mi cuerpo moría lentamente. A veces la fiebre era tan alta que deliraba viendo sucesos que no entendía, lugares extraños, me sentía rodeado de seres que no podía distinguir, a veces veía a mi madre a mi lado.

- Qué raro, Daniel - comenté - cuando me siento peor, a veces veo. Nunca vi a mi madre, durante las crisis la he visto. ¿Soñaré?

- Juan, sueño mucho, en mis sueños veo la montaña, nuestro jardín, todo. Creo que el cuerpo es ciego, pero el alma o el espíritu no. Pienso que al dormir el alma va de paseo y ve lo que no ve el cuerpo defectuoso.

- ¡Qué agradable de ver! ¡Me gustaría tanto! ¿Crees que cuando muera veré?

- ¡Lo creo!

Daniel tenía razón, desencarné en sus brazos, pasé por un entumecimiento y desperté en los brazos de mi madre, viendo. ¡Qué maravilla! A veces, necesitamos ser privados de un cuerpo perfecto para dar valor a la Creación Divina. El pasado es un vínculo fuerte, nuestras acciones están en nosotros, no puedes escapar, pronto quise saber por qué había estado ciego, recordé parte de mi pasado.

- Mamá - comenté - Daniel y Mark son el mismo espíritu, fui injusto con él.

- A menudo, los que cometieron errores juntos sufren juntos.

- Quiero volver a la Tierra mamá, quiero encarnar. Como nos enseñó Jesús, es el lugar del llanto y del crujir de dientes. No merezco disfrutar de esta paz.

- Juan, ¿no crees que ya has sufrido bastante?

- No aceptaré imperfecciones por mi cuerpo. Tendré el cuerpo perfecto, quiero aprender a ser útil para sentirme bien conmigo mismo.

- Juan, un defecto físico es un freno a nuestros malos impulsos. ¿Te sientes preparado para volver sin este freno?

- ¡Quiero encarnar!

Cuando mi pedido fue concedido, dejé un mensaje para que Daniel viniera a mí, para que fuera mi hijo y pudiéramos caminar juntos. Encarné.

El sur de Francia, un lugar hermoso, una ciudad tranquila, fue mi hogar, esta vez me llamé Michel. Mis padres eran pobres y la familia era muy grande. Cuando era niño, todavía tenía que trabajar para ayudar en la casa, tomé un trabajo en un pequeño almacén. Era inteligente, servicial y trabajador.

En mi juventud ya había logrado ahorrar un poco de dinero y me hice socio del negocio y, a los veintitrés años, era el dueño. Me casé cuando tenía dieciocho años y mi mayor sueño era ser padre y lo hice cuando tenía diecinueve años. Tuve un niño fuerte al que llamé Pierre. Tuve muchos hijos, pero Pierre siempre fue mi favorito, nos gustaban las mismas cosas, nos entendíamos en todo, era inteligente y trabajador. Muy temprano en su juventud, Pierre descubrió que era impotente, esto me hizo sentir más amor por él. Trabajó conmigo en el próspero almacén.

Cometimos muchos errores, pero no fuimos flojos. Espíritu activo, se equivoca, rescata, incluso puede volver a equivocarse si no se aprende la lección, sino que se busca el camino. La gente ociosa se detiene en el camino, es mucho más triste.

Fui un buen padre, esposo, trabajador y egoísta. No tenía religión, por más que mi esposa insistía en que nunca iba a la iglesia, aunque creía en Dios, no me gustaba orar. Mi espíritu anhelaba ser útil y confuso, me puse a trabajar materialmente. Fui un comerciante honesto, aunque siempre pensé en mí y en los míos, no hacía caridad, a todos los que me preguntaban les decía que había sido pobre, trabajaba y ellos hacían lo mismo. Mi ocio era ir al campo a contemplar el paisaje. Pasó horas mirando el cielo, los árboles y las flores.

- ¡Qué hermosa es la naturaleza! - Siempre comentaba -. ¡Qué hermoso es todo lo que Dios ha hecho! ¡Qué bueno es ver!

Sin previo aviso, la muerte del cuerpo me hizo abandonar todo lo que creía mío, mostrándome que somos usufructuarios y no dueños. Me molesté sin poder entender lo que estaba pasando, deambulé por mi casa y el almacén durante años. Sentí una tristeza enorme cuando vi a mi Pierre enfermar, vi su muerte y lloré con mi esposa. Pensé que solo él estaba muerto, comencé a verlo en casa y le tuve miedo. Entonces, incluso Pierre me abandonó, sentí un cansancio enorme, comencé a pensar más en Dios y comencé a rezar. Un día oré por misericordia y me di cuenta que mi cuerpo había muerto. La bondad de Dios es infinita y amables amigos me ayudaron y me llevaron al Puesto de Socorro y fue con gran alegría que vi a Pierre. La ayuda sucede dependiendo de cómo viviste encarnado.

Ciego o leproso, el sufrimiento me llevó a orar y no a entregarme a Dios. Si me hubiera entregado, no habría cometido más errores. En esta encarnación no merecí ser rescatado.

El pasado está dentro de nosotros, así que lo recordé y recordé las palabras del espíritu que había sido mi madre cuando Juan.

- Sin frenos, hijo, ¿estás listo para reencarnar?

No lo estaba, y me sentí muy triste. Mi voluntad era una sola, reencarnar de nuevo. Muchos no entienden por qué muchos quieren volver a la carne, encarnados, cuando el mundo espiritual es tan hermoso, la existencia más suave. Se olvidan que aquí en el plano espiritual uno puede sufrir mucho cuando no se le ayuda.

Ayudado, se puede sufrir de remordimiento y querer el olvido como bálsamo, o reparar faltas, saldar deudas. Otros, al no tener estos problemas, encarnan para ayudar a los demás y encontrar resistencias, dificultades y encontrar soluciones que las hagan progresar. Me exigía a mí mismo la reparación de mis faltas, o incluso la necesidad de probar si realmente había aprendido la lección.

Espero con ansias otra oportunidad.

Comprendí que cuando sufrimos encarnados para saldar deudas, purificar nuestro karma, aun sufriendo con resignación no significa que si tenemos oportunidades no volveremos a equivocarnos. También que cada uno tiene su camino, su manera de actuar, y por voluntad propia hace lo que quiere. A mí me pasó así, otros hermanos más maduros, más enfocados en el bien, aprenden mucho del sufrimiento. No retrocedí, simplemente no aprendí. La lección aprendida nunca se olvida. Quemé mi karma negativo con sufrimiento, tantos pueden quemarlo con puro amor. Teniendo nuevas oportunidades, no cometí los errores del pasado, pero no caminé, todavía adoraba el egoísmo. Los deseos materiales forman una cadena que une al espíritu con las encarnaciones, como él quería ser un buen médico, necesitaba encarnar. Quería volver a ejercer la medicina, Pierre y yo estudiamos, nos preparamos, esperando la oportunidad de volver al cuerpo físico.

# Caminando

Reencarnamos hermanos, yo era el mayor y recibí el nombre de Gilbert (Gert), luego vino Huts, éramos amigos inseparables, muy cercanos. Nuestros padres pelearon mucho, crecimos con inseguridad en medio de la agresión. Qué triste es para un espíritu en el cuerpo de un niño ver a aquellos a quienes ama, de quienes espera protección y educación, peleando y odiándose unos a otros.

Nos consolamos, siempre estuvimos juntos y nunca peleamos. Mi madre tenía un cariño especial por Huts, relegándome a un segundo plano. Un día, mis padres decidieron separarse. Se decidió que yo me quedaría con mi padre y Huts con mi madre. Con gran tristeza nos separamos, me quedé con mi padre en Francia y vi a Huts irse con mi madre a Hungría donde vivían mis abuelos maternos. Sinceramente, no sentía la ausencia de mi madre, que siempre me había sido indiferente, echaba mucho de menos a Huts, amigo y hermano. Mi padre se volvió a casar poco después que mi madre se fuera. Yo tenía doce años en ese momento, me gustaba mi madrastra que era dulce, amable y realmente se adaptaba a mi padre. Tuvieron tres hijos. Aunque la vida no era fácil, era tranquila y sencilla.

Mantuve correspondencia con Huts, lo extrañaba mucho, mi madre no se preocupó por mí y nunca me escribió, nunca nos volvimos a ver.

De adolescente quería estudiar medicina, que era mi gran sueño. Con sacrificios mi padre pagó mis estudios y me gradué con distinción. Huts también estudió y recibió su título de médico al mismo tiempo que yo. Cuando se graduó, vino a verme a Francia, donde estuvo unos meses con nosotros y aprovechamos para intercambiar ideas.

Mis abuelos maternos eran ricos, bien vestidos y bien educados.

Nuestra amistad era sincera y queríamos estar juntos.

- Ven conmigo Gert - me dijo - trabajaremos juntos.

- Tú quédate, allá no hablo el idioma, todo me será difícil.

- No puedo, mamá se volvería loca sin mí, me escribe todos los días pidiéndome que regrese.

No entendía cómo una madre amaba tanto a un hijo y era indiferente al otro. Las cabañas regresaron. Empecé a trabajar y me dediqué mucho, ayudé a mi padre, a mi madrastra y a mis hermanos. Decidí formar una familia y me casé. Mi esposa era de una familia respetada, cambié socialmente, me volví importante. La medicina siempre ha sido y es una profesión lucrativa, comencé a enriquecerme. Estudioso, buen profesional, se me consideraba un buen médico, otra vez se me olvidaba que los pobres se enferman y no me gustaba atenderlos. De todos modos, yo era un médico para los ricos, para los que podían pagar mis honorarios.

Nuevamente Huts me visitó con su esposa, tan rica y elegante como él. La distancia, con otras formas de vivir, en otro país, no lo hacía diferente, seguíamos siendo amigos. Pensábamos igual, siendo importantes, ricos, pero amábamos la medicina. Esta vez no tardaron mucho, se fueron y seguimos manteniendo correspondencia e intercambiando ideas.

Fui padre de cinco hermosos y saludables hijos, de los cuales estaba muy orgulloso.

Huts, por lamentables circunstancias, falleció prematuramente, esto me entristeció mucho y al poco tiempo desapareció mi hijo menor, de dos años y cinco meses.

- Dr. Gert, Leonard no está, la señora lo mandó a buscar - dijo una criada aterrorizada.

Al escuchar esto, tuve un mal presentimiento.

- ¡Mi hijo desapareció! ¡Mi hijo! Todos, familiares, amigos, autoridades, lo buscaron y no lo encontraron. Los militares registraron toda la región, hubo un registro en todo el país y no supimos más de él. ¡Dios mío! Que triste es perder a un hijo en esta circunstancia y quedar en la angustia, en la agonía de encontrarlo vivo o incluso muerto. Pasaron los años, nunca supimos de él, su característica nunca dejó mi mente. Siempre soñé con él, Leonard era hermoso, rubio, de ojos azules y siempre sonriente. A veces me despertaba con su vocecita llamándome como siempre hacía cuando llegaba a casa.

- "¡Padre, mi padre!"

- Confórmate Gert - dijo mi mujer - acabó volviéndose loca. Creo que mataron a nuestro hijo.

- Lo siento vivo. No sé por qué Janet, me siento culpable. No sé cómo explicarlo, pero parece que ya he secuestrado niños, no sé cuándo ni por qué, y ahora sufro lo que he hecho sufrir a otras personas.

- Gert, cuídate, no pienses así, te enfermarás.

Amargado, triste, envejecí prematuramente, teniendo en mi trabajo el bálsamo para olvidar y enriquecer. Mis hijos se casaron, y vinieron los nietos, quedé viudo y solo, me puse a pensar, a reflexionar sobre mi vida y entendí que había fallado.

- Tal vez debí haber actuado diferente. Trabajé duro, me hice rico y ¿de qué servía el dinero?

Pensando así, traté de ayudar a los pobres que ya ni siquiera me buscaban. Pero no hubo tiempo, desencarné. Que triste es dejar de hacer el bien en el futuro y en la carne, el futuro es incierto para nosotros, no siempre lo tenemos. El bien debe hacerse en el presente. Me amargué con remordimiento, dentro de mí, no dejaba de repetir:

- "Los pobres se enferman, los pobres sufren..."

Lloré mucho y amablemente Janet, mi esposa, vino a hablarme e iluminarme. Vagué durante años, me arrepentí sinceramente y fui rescatado. Entonces pude encontrar a Leonard, mi hijo, que ya era mayor y muy feliz. Fue robado por ladrones que lo encontraron solo cerca de nuestra casa, cuando había huido en su maldad. Lo vendieron a una pareja sin hijos que lo criaron y educaron muy bien, aunque era pobre y sencillo. Recordé mi pasado, vi que coseché lo que sembré, participé en secuestros sin preocuparme por los familiares de mis víctimas, en esta encarnación sufrí la ausencia de un hijo.

Nuevamente tuve la oportunidad de encarnar, pensé que merecía nacer en una familia pobre y aprender a valorar a todos, sin importar sus posesiones económicas. Sabía que la gente pobre no podría estudiar, yo no podría entrenarme para ser médico esta vez. Desperdicié una oportunidad, pudo haber sido buena y no lo fui. Quería saber de Huts, el hermano que tanto quería, sabía que era Marc, Daniel, amigo de los errores y del sufrimiento, anhelaba estar cerca de él. Lo encontré encarnado en Brasil, practicando la medicina sin formación, o mejor dicho, aliviaba el dolor con sus remedios herbales y sus bendiciones. Vivía solo, soltero y sin ganas de formar una familia. Encarné entre sus vecinos. Porque sabía que, tan parecidos, nos encontraríamos.

Brasil, una tierra nueva, se formó sin tantos prejuicios entre tantas razas. Fue en el interior, donde prosperaron las haciendas con el trabajo de los negros, que encarné. Hijo de colonos, familia de numerosa descendencia. Éramos pobres pero felices, a pesar de trabajar duro, llevábamos una vida sin preocupaciones. Me llamé Alfredo.

A su alrededor se escuchaban historias fantásticas de apariciones, hechiceros, etc. El cerro cercano era el blanco de los temas principales, donde vivía un señor blanco que hacía curas como un médico, bendecía a las personas, quitaba el mal de ojo y daba medicinas. A pesar de ser bueno, tenía el apodo de Hechicero, porque decían que también podía enfrentarse al mismísimo diablo.

Cuando tenía ocho años, mi madre me llevó al cerro, a la casa del Hechicero. Estaba tan asustado, temblé solo de pensar en ver al demonio, pensé que iba a ver a una bruja fea y horrible. Sabía que no estaba mal, atendía a todos y no cobraba a nadie. Todo alrededor suyo favores debidos o una cura. Tenía muchos dolores de estómago y, en opinión de mi madre, estaba delgado.

Mi corazón se aceleró cuando entré en su casa y vi a un amable anciano sonriendo.

- ¡No eres feo! - Exclamé, mirándolo.

El hechicero era delgado, alto, moreno claro, bien afeitado y muy limpio. Sentí paz cuando lo miré, lo miré y me olvidé de todo. Me examinó, me quedé callado, tímido, lo escuché decir que algún día regresaría para ayudarlo y quedarme con él.

Mamá estaba feliz y con la medicina para los gusanos nos fuimos a casa.

Regresé triste y melancólico.

- Mamá, ¿por qué se llama Hechicero? ¿Por qué vive solo?

- Vive solo porque no se casó, creo que es feliz así. No se llama Hechicero, es un apodo. ¡Él entiende todo, se sabe!

Días después, estaba libre de los dolores de estómago, pero no me olvidé del Hechicero, cuando miré hacia el cerro sentí nostalgia. Al poco tiempo comencé a trabajar en la finca, quería estudiar como los hijos del dueño de la finca. Soñaba con aprender a leer y escribir. Siempre les preguntaba a mis padres:

- ¡Yo quiero estudiar! ¡Déjame estudiar!

- Esto es para trabajo rico, pobre - respondió mi madre.

Pasó el tiempo, yo era joven cuando, un día, mi padre tenía dificultad para respirar y dolores en el pecho, corrí y fui a llamar al Hechicero. Sonrió al verme, le conté angustiado lo sucedido y rápidamente tomó la bolsa donde cargaba sus hierbas y medicinas y bajamos el cerro, llegando pronto a casa. Examinó a mi padre, le dio un té que lo calmó y lo puso a dormir, dejándonos a todos aliviados. Hechicero llamó a mi madre a la sala de estar y le dijo con calma:

- Doña Abadía, su esposo está enfermo, lo siento no puedo curarlo. Su vida está en las manos de Dios.

De hecho, mi padre falleció esa noche. Me interesé por ese hombre sencillo, educado, con quien simpaticé sin entender muy bien por qué. Empecé a visitarlo, primero para darle las gracias, luego para conversar, fue muy agradable escucharlo.

Un día le dije que mi sueño era leer y escribir y sentí una alegría enorme cuando escuché:

- ¡Te enseño! ¡Aprende fácilmente!

Empecé a ir a su casa con más frecuencia, me interesé tanto por la lectura como por su obra. Atendía a todos los que acudían a él, cuidaba el jardín y los animales.

Sabía leer los pensamientos de los demás y aun así era caritativo con todos.

Aprendí rápido y observé cuidadosamente todo lo que hacía. Un día me invitó a vivir con él, no dudé en aceptar. Mi madre estaba feliz de tener un hijo aprendiendo a bendecir. Yo tenía diecisiete Joaquim, así se llamaba el Hechicero, construyó otro cuarto en su casa que se convirtió en mi cuarto.

Hechicero fue un padre para mí, me enseñó todo lo que sabía, aprendí a leer y escribir, a usar las hierbas como medicina, a usar mi intuición para tratar con personas obsesionadas e incluso a no tenerle miedo a los espíritus.

- Los espíritus son personas como nosotros. Solo que no tienen cuerpo físico, no debemos tenerles miedo, pero ayudarlos si tienen necesidad, si son buenos, debemos ser amigos - me explicó.

- El cuerpo muere, Alfredo, el alma, el espíritu sigue viviendo. Y pueden vivir de muchas formas, unos deambulan por su antiguo hogar, otros queriendo vengarse, otros quedándose cerca de los que aman, en estos casos, no es bueno. Solo los buenos espíritus ayudan sabiamente. Muchos de los pacientes que vienen aquí tienen compañeros desencarnados no iluminados que necesitan orientación y necesitan ir a lugares que les son propios en el mundo espiritual, por lo que deben aprender a guiarlos, podrá ayudar tanto a los encarnados, vivos en el cuerpo, como a los desencarnados, vivos en el espíritu.

Al principio tenía miedo, pero poco a poco me fue gustando el tema, entendiendo, ya no tenía miedo. Hechicero siempre me repetía esta enseñanza:

- Alfredo, haz el bien a todos, como te gustaría que te hicieran a ti. Pero toda caridad debe ir acompañada de buenas costumbres. Todo lo que hacemos son actos externos y de poco valdrá si no contamos con el procedimiento adecuado. Las buenas obras nos hacen buenos si procedemos sin errores.

Pasaron los años, el Hechicero envejeció y como su ayudante me gané el apodo de Sanador. Joaquim ya no salía de casa, yo era el que bajaba el cerro para ayudar a los que no podían subir. Un día me desperté y, como Hechicero no se levantaba, fui a su habitación y lo encontré muerto. Todos en el barrio sintieron su desencarnación, vinieron a traer flores, oren por él, lo enterré entre las flores de nuestro jardincito.

- ¡Aquí vivió, aquí su cuerpo volverá a la naturaleza! Lo lamenté mucho, pero fue con gran alegría que tiempo después sentí su presencia a mi lado, guiándome y consolándome.

Continué su trabajo. Era como él, amado y considerado como médico entre los pobres y los esclavos. Tenía treinta y ocho años y las estrellas anunciaban un cambio en mi vida. Un día, temprano en la mañana, vi a un Hechicero que me dijo:

- "Alfredo, acepta lo que te propongan."

Me preocupaba tratar de adivinar qué podría ser. Por la tarde recibí la visita del dueño del terreno en el cerro. Este señor, cuando era pequeño, fue curado de una mordedura de serpiente venenosa por el Hechicero. Me saludó y se sentó en la silla que le ofrecí y se puso manos a la obra para mi alivio.

- Sanador, tengo una hija de dieciséis años a la que quiero mucho, es mi favorita. Está embarazada y el bastardo se ha ido.

Bajó la cabeza y no pudo ocultar las lágrimas que insistían en rodar por su rostro, suspiró y continuó:

- Pensé en enviarla a un convento, pero la pobre llora desesperada y no quiere ir, tendrá que regalar al niño y se quedará atrapada. Mi hijita en la cárcel, no, yo tampoco quiero eso. Ahora siento pena por ella, ahora estoy enojado y quisiera matarla, el caso es que me daba vergüenza. ¿Cómo dejarla tener al niño sin casarse? Pensé en buscarle marido y recordé que eres buena persona y soltera. Así que no lo enviaré lejos ni estaré tan cerca que no podamos ocultar el hecho. ¡Después de todo, su hijo es mi nieto! He venido, Sanador, para proponerle este trato, casarte con ella. Mi hija vendrá a vivir aquí, donde haré construir una buena casa y te daré estas tierras. Entonces, ¿qué me respondes?

- Puedo pensar y...

- No hay tiempo. Si no lo aceptas, tampoco te aceptaré aquí, enviaré a mis hombres para que te expulsen de mis tierras y destruiré todo.

- ¿Todo?

- Sí, le prenderé fuego. ¿Qué respondes?

Me entristecía solo de pensar en ver todo lo que tanto amaba y que Joaquim construyó destruido. Bajé la cabeza y pensé rápidamente, si me expulsaban, ¿a dónde iría? ¿Qué pasa con todas las personas que me amaron y confiaron en mi conocimiento rudimentario para ayudarlos? Casarme no estaba en mi agenda pero ¿y la niña engañada y embarazada que sería suya si no la aceptaba? Al casarse conmigo, podría ayudarla. La imagen del Hechicero vino a mi mente, tenía razón, no tenía otra opción. Con voz firme, respondí:

- ¡Aceptado!

- ¡Este! - suspiró el granjero aliviado -. No te arrepentirás, la boda será dentro de tres días, el sábado por la tarde. Debes estar en la casa grande temprano.

El cura viene a hacer bautizos y nosotros aprovecharemos la ocasión y haremos vuestra boda. Haré que mi servidor de confianza te traiga ropa adecuada y comestibles. No quiero que a mi hija le falte nada. Sé que para ti es un negocio en el que no tuviste elección, pero ella es una niña, tan frágil, la cuidarás bien, ¿no?

- No estoy lastimando a nadie.

Me apretó la mano, noté que estaba abatido y triste.

- ¡Hasta el sábado!

Se fue y yo estaba pensando: "¡Casado! Me di cuenta tres días antes." Ordené la casa lo mejor que pude, limpiando todo. Al día siguiente me trajeron ropa y comida. La ropa me queda bien, debe haber sido uno de mis futuros cuñados. Dentro de un abrigo encontré una buena cantidad de dinero.

- ¡Parezco comprado! - Dije con tristeza.

- Alfredo, no te sientas así - dijo Hechicero -. La niña necesita ayuda, usa el dinero para ayudarla. Es de ella, de su padre.

El sábado me arreglé lo mejor que pude, me veía elegante, bajé del cerro justo después del desayuno, rumbo a la casa grande.

- ¡Estás muy bien! ¡Sé bienvenido! - Dijo mi suegro, saludándome.

La gente de la granja hablaba de nuestro matrimonio. Algunos decían que hacía tiempo que salíamos en secreto y que estábamos enamorados y cómo nos descubrieron, el siñó hizo que nos casáramos. Otros decían que la señorita Julia me amaba desde que la curé de un dolor de cabeza. Sonreía ante los comentarios y no respondía preguntas. El hecho era que no conocía a mi futura esposa y ni siquiera sabía cómo era ella.

La conocí cuando entró en la habitación vestida de novia en brazos de su padre. Juliana, como la llamaban, todos la llamaban Júlia, estaba nerviosa con la cabeza gacha. Era pequeña, morena, con ojos grandes que daban miedo. Sentí pena por ella, parecía una niña muy asustada, obligada a aceptar un esposo que conocería en el altar.

La boda fue rápida, justo después que el sacerdote hiciera los bautizos y luego hubo una gran fiesta. En la casa grande, los felices invitados vitorearon a los novios. Traté de ser amable con todos los invitados y mi suegro suspiró tranquilo, no lo estaba avergonzando.

En el terreiro, los negros y colonos celebraron con gran alegría y bailes los bautizos y la boda de Siñáziña con su Dr. Curandero.

Antes que llegara la noche, mi suegro creyó conveniente que nos fuéramos y una carreta nos llevó al cerro. A mi lado, Julia estaba en silencio, triste y distraída. Al llegar, la ayudé a salir y el carruaje y su conductor regresaron a la finca, dejándonos solos.

- Julia, eres una niña. Tengo la edad suficiente para ser tu padre, eso es lo que seré para ti, tu padre. No tengas miedo, aquí estarás protegida. Fuimos, niña, obligados a casarnos, tú para esconder el fruto de tu amor y yo para no tener que irme de este lugar que amo. Estamos casados ante Dios, pero no somos esposos por nuestra voluntad y no lo seremos. No exigiré derechos de marido. Voy a ayudarte, tendrás a tu hijo aquí, los cuidaré a los dos. No tengas miedo.

Sonreí tratando de ser amable. Júlia intentó sonreír, suspirando aliviada, pero desconfiaba. La dejé tranquila, cedí mi habitación, me instalé en la sala.

La desconfianza se acababa cuando estuvo seguro que no la había engañado. Él fue amable y gentil con ella, pronto ella estaba feliz y empezamos a hablar, intercambiando ideas.

Como prometió mi suegro, justo al lado de mi casita estaba lista una hermosa casa.

- ¿No es bonita, Sanador? - Dijo emocionada.

- Sí, es bonita. Este cuarto es mío, este más grande es tuyo, aquí estará mejor con el bebé. Veré gente en la casita, en mi antigua casa, será como un hospital.

- ¡Alfredo, eres tan inteligente, tan bueno! Cómo te lo imaginas educado, sabe leer y escribir tan bien y pensar que temía encontrarme con un bruto.

Cuando nos mudamos, vinieron a visitarnos mis suegros, al ver a su hija bien y feliz, estaban felices. Teníamos prohibido ir a la casa grande hasta que el niño naciera y creciera. La orden fue que escondiéramos al niño y solo dijéramos que nació cuando llevábamos casados nueve meses. Júlia hacía las tareas del hogar junto con una niña negra, su antigua ama, una esclava de la hacienda que su padre había enviado a ayudar. Cuando alguien subió al cerro buscándome, ella se escondió. Un día me contó su historia.

- Conocí a Alberto nada más llegar a la ciudad cerca de la finca, era un empleado del imperio que había venido a estudiar la construcción de una carretera. Era guapo, elegante y lo amé apenas lo vi, o pensé que lo amaba, porque ya no lo amo, lo odio. Me escribía cartas, notas y empezamos a encontrarnos en la clandestinidad, de noche, cerca del lago. Prometió casarse conmigo. Pero se fue, ni siquiera se despidió, me dejó una carta diciendo que se iba y que estaba casado. Lloré tanto que mi padre quería saber qué me había pasado. Un día en mi cuarto, mientras hablábamos, me desmayé y mi Negrita le dijo que estaba vomitando y tenía náuseas. Cuando recobré el conocimiento, estaba leyendo la carta que Alberto me había enviado como despedida. Terminé contándole todo. Pensé que me iba a matar, habló de enviarme a un convento y tendría que entregar a mi hijo.

- ¡Mátame! - Grité llorando -. ¡No me separaré de mi hijo, él no tiene la culpa!

Mi padre es demasiado bueno, me miró con pena.

- Ni convento, ni dar el niño. Me casó contigo. Eso, me caso contigo!

Se fue y volvió con todo planeado.

- Júlia, te casas el sábado, aprovechemos que viene el cura a la finca a hacer los bautizos. Tu madre cambiará el vestido de novia con el que se casó tu hermana.

- ¿Con quién? - Pregunté angustiada. En ese momento, cualquier cosa era preferible a entregar a mi hijo.

- Con el Sanador del cerro. No es una persona - dijo, alejándose.

Ansiosa, agonizante, esperé el sábado. Cuando te vi en el altar, pensé que era Santa Rita quien me ayudó. Gracias a Dios estoy bien, pronto nació mi hijo en este lugar tranquilo y hermoso, y se quedó conmigo.

- Yo fui quien te liberó. Fue un parto difícil, en el que Júlia sufrió mucho, pero la alegría de tener un niño hermoso, fuerte y saludable fue enorme. La cuidé como cuidaba a mis clientes y escondimos al niño durante más de dos meses.

Cuando anunciamos el nacimiento del niño, comenzaron las visitas y mi suegro hizo una fiesta en su bautizo. Me gané a la familia de mi esposa, que empezó a pensar que no era un mal matrimonio para Julia. Sabía cómo complacerla, tenía una conversación amistosa y me hice amigo de todos. Pasó el tiempo y la amistad se convirtió en amor en el corazón de la joven Julia. Realmente empezamos a vivir como esposos, yo no la amaba, pero ella me amaba mucho. Ella no interfería en mi trabajo y yo la dejaba cuidar de todo, de la casa, del trabajo de la tierra.

Tuvimos tres hijos más, nunca hice una diferencia entre ellos y nadie más supo lo que pasó. Júlia era feliz y siempre me decía: "Alfredo, te amo y te estoy muy agradecida. ¡Me hiciste feliz! ¡Qué infeliz hubiera sido si me hubieran encerrado en un convento, lejos de estas tierras que amo tanto! Sin libertad, sin hijos, me moriría de tristeza. Me aceptaste con un hijo de otro, no me juzgaste, no me condenaste y me ayudaste. Te lo agradezco. Uno día, si Dios quiere, tendré la oportunidad de ayudarte y sabré recompensarte.

Los hijos crecieron, estudiaron, fueron buenos y trabajadores, se casaron, siempre fuimos felices, vivimos en paz. Julia cuidando de todo y yo de mis pacientes, haciendo medicina, bendiciendo, curando...

Hasta dos horas antes de desencarnar atendía a mis pacientes, ahí me sentía cansado con dolores en el pecho. Júlia me hizo acostar, me dio té y me dio sueño, entonces cerró la ventana del dormitorio y me dejó descansar. Sentí que me faltaba el aire, traté de gritar, llamar a alguien, no podía, todo daba vueltas, sentía que mi cabeza se partía por la mitad, pensé que me desmayaba. Desencarné, Joaquim y amigos me desconectaron del cuerpo, llevándome a un Puesto de Socorro. Sentí lo querido que era por las muchas oraciones que recibí que me consolaron. Comprendí que desencarné, luego me recuperé, adaptándome y me enamoré de la vida espiritual.

Mi espíritu anhelaba aprender, saber. Mi pasado ya no me molestaba, sabía que no se puede cambiar lo que ya pasó, pero el futuro depende de nuestro presente, de mí dependía construirlo.

Siempre me intrigó, como a Maurício, el amor devoto de Maria das Graças por mí, reconocí que era Júlia, la vieja compañera, que, como me había prometido, me ayudó mucho. Cómo Júlia recibió mis beneficios, cómo Maria das Graças pudo devolverme el bien que le hice.

Quería encarnar y ser médico, me sentía capaz de ejercer con justicia y sabiduría esta profesión que afecta a las personas a diario, haciéndolas más felices o infelices. Los profesionales médicos no deberían trabajar solo por una remuneración económica. Y es justo que tengan un sustento honesto por eso, pero también deben pensar que el cliente es su hermano, su prójimo, y atenderlo bien, sea rico o pobre, negro o blanco. Joaquim y yo nos fuimos a estudiar, en cuanto terminé el curso tomé el plan espiritual yo quería volver a la carne, Joaquim no, quería quedarse más tiempo.

Anhelaba ejercer la medicina encarnado, reparar los errores con la misma medicina que tanto daño me había hecho por irresponsabilidad. Necesitaba caminar, convertirme en un ser útil, un ayudante, en lugar de estar siempre necesitando ayuda.

Joaquim había prometido reencarnarse cerca de mí.

- Alfredo me encontró, como Hechicero en tierras nuevas, me volvió a encontrar incluso como un simple esclavo o un colono.

- No seré médium, ¿no será difícil?

- La intuición la tiene todo el mundo, se ama por el espíritu.

Nos despedimos con mucho cariño. Regresé como Maurício. Hoy mi familia es la humanidad, trabajo para servirla, veo la Divinidad, Dios presente en todos, los amo como hermanos.

Esta es mi historia simple: un niño perdido que encontró su camino.

Soy feliz...

# SEGUNDA PARTE

# Los libros digitales

Silencio, parecía que todo y todos se aquietaron en aquel rincón del jardín, con el encanto de la narración de Maurício, el médico querido, la pelirroja alegre, dejándonos con su relato un enorme contenido para meditar. Conmovido, miré al cielo, las estrellas brillaban, recordé una de las parábolas del Maestro: "En el cielo hay fiesta y júbilo cuando regresa una oveja perdida."

A nuestro lado, durante mucho tiempo, se sentó con nosotros y escuchó la verdadera historia de Maurício, Antônio, médico estudioso, trabajador incansable del Centro Espírita, técnico de laboratorio, servidor de la Colonia San Sebastian.

- Parece, Dr. Antônio, que usted está involucrado en la historia que nos complace escuchar - dijo -. ¿No eras tú Marcos? ¿Daniel? ¿O incluso Antônio, el hijo adoptivo? ¿Amigos de los errores y los aciertos?

Antônio es alto, delgado, moreno con canas, amable e inteligente, vestía el uniforme de la universidad, es una persona que nos gusta mirar. Me miró sonriendo, mostrando su perfecta dentadura.

- ¡Adivina que!

- Lo he visto llamar padre a Maurício... Lo cual es factible por aquí, en la Tierra sería imposible, es mucho mayor que él.

- Esto ya ha sido motivo de risa para muchos novatos, recién desencarnados, acostumbrados a ver mayores en sus padres, pero no siempre es así en el plano espiritual. Maurício es hoy el querido hermano, compañero ideal y de trabajo, a veces, por costumbre, lo llamo padre.

- Su informe sería un complemento a lo que nos narró. ¿Dr. Antônio no quiere contarnos su historia?

- ¿No estás cansado, amigo? - Me preguntó Maurício, riéndose.

- ¿No es suficiente con uno? Él es de hecho un coleccionista de historias.

- ¡Oh! Las historias interesantes nunca se cansan. Me gustaría saber de usted, Antônio. Si te atreves a recordar.

- Realmente sería bueno recordar solo los buenos tiempos, aquellos en los que fuimos víctimas y no verdugos. Coraje para hacer lo que tenemos, para admitir errores, no siempre. Pero, mi querido amigo Antônio Carlos, ¡soy valiente!

- ¡¿Vas a decirle?! – Pregunté, feliz.

- Bueno, ya que eres lo suficientemente valiente para escucharlo... Hay muchos mundos habitados, todo pertenece a Dios, el Creador Infinito y Absoluto, tenemos a todo el Universo como nuestro hogar. Allan Kardec nos iluminó sobre las muchas variedades de moradas y que hay muchas casas del Padre a lo largo de este espacio infinito. Tenía como hogar un planeta que, cambiando de plano, pasando al de la regeneración, no era posible seguir teniéndolo como hogar. Ocioso, sin seguir el ritmo del progreso, disfrutando sin colaborar, molestando a mis hermanos, fui expulsado, junto con otros hermanos de ideas afines. Vinimos a la Tierra, este planeta de pruebas, porque vibramos igualmente, con la bendición de un nuevo comienzo. Aquí en la Tierra recordaba vagamente este planeta, tenía la sensación que había perdido el paraíso de la comodidad y ahora tenía que enfrentar el purgatorio donde todo era y sigue siendo difícil y laborioso. Allí quedaron dulces amistades que yo daba por sentadas. En la Tierra aprendí a amar a las criaturas y a Dios. Amo este planeta escuela, donde los errores y sufrimientos me hicieron descubrir el amor, ser reconocido y agradecido. Como eBooks, poco a poco hice de esta bendita tierra mi hogar, que por elección es mi patria. En las dos primeras encarnaciones, tuve una vida sencilla, marcada por la insatisfacción y el anhelo.

Anhelé lo que perdí, las instalaciones que disfruté, viví atormentado sin poder encajar con otras personas, juzgándolas ignorantes y sin rumbo. No hice ningún esfuerzo por aprender a vivir con ellos. La insatisfacción me dejó ocioso, soñando e imaginando hechos que mi espíritu conocía. Siempre es triste disfrutar sin participar, disfrutar sin trabajar y aprender. Llega un día en que se pierde el derecho a disfrutar de este conocimiento que nos negamos a conocer. Desencarné en estas dos primeras encarnaciones joven, negándome a quedarme en el cuerpo que para mí era grosero y lleno de necesidades. Grupos de instructores me guiaron amablemente, pero mi voluntad fue débil para aceptar la Tierra, que por bendición me fue otorgada. La tercera vez que encarné pude estudiar y elegí medicina, que me parecía la carrera más importante para los terrícolas. Tan pronto como me gradué, el país en el que vivía entró en guerra, la lucha me interesó y tracé un plan de ataque que le mostré a un amigo de la familia, que era uno de los comandantes del rey. Mi plan era simple, lo organicé fácilmente, fui inteligente y todo para mí fue fácil. El comandante trajo mi plan a la atención del rey y fui convocado a él, a quien le expliqué todo.

- Se ve interesante, perfecto, si funciona no te arrepentirás - exclamó el soberano.

Funcionó, la victoria fue nuestra, me regalaron un castillo y me convertí en uno de los consejeros del rey. Todavía estaba insatisfecho, no estaba interesado en la medicina.

Sentí que los estudios ofrecían poca comprensión y pocos resultados. Busqué algo en los placeres físicos que pudiera interesarme. Conocí a una hermosa muchacha que fue cortejada por innumerables caballeros. Por primera vez me interesé en otra persona, hice todo lo posible para conquistarla, era voluble y animó a varios pretendientes. Uno; sin embargo, más apasionado, la acosaba mucho, era un joven médico muy guapo. Por un tiempo ella se fijó en los dos, esto hizo que la quisiera más y terminé ganando y nos casamos. El castillo que gané estaba cerca de la casa de este rival y nos hicimos vecinos. Pronto me cansé de mi encantadora esposa, encontrándola demasiado ignorante, y regresé a mi vida de placeres y acumulación de riquezas con negocios.

Tenía una familia numerosa y nunca llegué a amarlos. Pero yo estaba tremendamente irritado cuando una de mis hijas se escapó con el hijo de mi antiguo vecino rival.

Volvieron casados y, como él los aceptó, yo también los acepté. Entonces empezamos a vivir juntos sin ningún problema. De viejo, enfermé y ya no podía levantarme de la cama. Me rebelaba con la muerte, no creía en nada, ni siquiera en Dios. Para mí, la muerte era una violencia cruel y las enfermedades eran o podían ser curadas por alguien más inteligente. "Las enfermedades - dije con rebeldía -, no son más que desórdenes menores. Podría curarlas si fuera más joven."

Me desencarné enojado y sufrí mucho. La peor forma de egoísmo es reservarse conocimientos que podrían ser de utilidad para otros. Pude, tenía todo para construir algo bueno con los conocimientos que me dio la medicina en ese momento, pero ni lo intenté.

Encontré en el Umbral, sufriendo como yo y por las mismas razones, a mi antiguo rival, a mi vecino, y nos hicimos amigos en las desgracias. Fuimos ayudados juntos, avergonzados, prometimos volver a la carne y ser útiles, volver a estudiar medicina y construir con ella, hacer el bien. Regresamos como hermanos, hijos de un médico dedicado que usó su conocimiento para ayudar y asistir a todos los que lo buscaron toda su vida. Desde pequeño me interesé por su obra, acompañándolo en sus visitas. Eran solo los dos niños y nuestros juegos siempre fueron los de un médico. Me llamaron en esta vida Mark y mi hermano, Jayks.

Éramos amigos y teníamos los mismos intereses. Con el sacrificio de nuestro padre, estudiamos. Para mí todo fue fácil y aprendí rápido, siempre ayudando a Jayks. Todavía estábamos estudiando cuando mi madre falleció, nos graduamos sin ningún obstáculo y al poco tiempo mi padre falleció, quedando solo nosotros dos. Los amables ejemplos de nuestro padre pronto fueron olvidados. Queríamos ser ricos y respetados, ayudar a los pobres no era rentable y yo no dejaba de exigir mis servicios a nadie, algunos pobres me pagaban con comida, animales, etc. Hice esto para que acudieran a mí lo menos posible y seleccioné a mis pacientes.

Jayks pensó lo mismo y empezamos a pelear.

- Este pueblo es demasiado pequeño para nosotros dos. Márchate de aquí, o acabaré contigo – dijo, enfurecido.

Jayks se mudó a un pueblo vecino donde se casó y tuvo clientes adinerados.

Al no tener competencia, comencé a practicar para los ricos y comencé a enriquecerme, aumentando mi fortuna con un matrimonio ventajoso. Tuve muchos hijos, me convertí en un médico respetado y rico. Al no tener motivos para pelear, mi hermano y yo nos reconciliamos.

Estaba insatisfecho, pensaba que el conocimiento de la medicina en ese momento era escaso y soñaba con aumentarlo. Anhelaba ser famoso, pasar a la historia, quería inventar, descubrir curas. "¡Qué famoso sería si pudiera hacer caminar a un paralítico, ver a un ciego!" - siempre decía soñando.

Mi esposa era buena persona y muy religiosa, y trató de aconsejarme:

- Esposo mío, no eres Jesucristo para tales eventos, esto es imposible, ya eres un buen médico.

- No soy un buen médico, pero podría serlo. Sé que estos inventos no son imposibles, solo tienes que descubrir cómo hacerlos.

Mi espíritu recordaba vagamente las hazañas de la medicina en mi antiguo hogar, en el lejano planeta, donde iba los libros electrónicos, y donde la evolución llegó al punto en que ya no había más personas con discapacidades físicas y las enfermedades eran raras. Pensé que podía curar mucho, solo tenía que intentar investigar un poco y descubrir curas asombrosas. La ambición me dominaba, solo pensaba en cómo sería alabado, respetado, rico y famoso, ni siquiera pensaba en el bien que podría hacerle a mucha gente. Egoísta, solo pensaba en mis intereses. Toda la gente se postraría a mis pies, ofreciéndome dones para recibir sanidades. Me vengaría de muchas personas orgullosas, elegiría a las que quería sanar.

Pensando solo en glorias, la idea empezó a dominarme y pensé que estaba desperdiciando mi inteligencia y que era hora de intentar, de empezar a investigar. Al tener que tener un ayudante, ya que no podía hacer todo yo solo, convencí a Jayks para que me ayudara. Durante este tiempo nos visitábamos con frecuencia.

Le conté mis sueños y él, como toda persona ambiciosa, me escuchó con los ojos brillantes, era fácil hacerlo partícipe de mis planes.

Estaba pensando en buscar un lugar que sirviera de laboratorio, cuando un señor quebrado me ofreció su casa, ubicada en un lugar aislado, en un valle, entre las ciudades donde vivíamos. Era de construcción antigua, pero segura y sería adecuada para estudiar sin ser molestados. Tuve un criado, al que salvé de una grave enfermedad, muy fiel y de toda confianza. Llamado Jartir, era fuerte, oscuro y malvado por naturaleza. A mi esposa y a mis hijos no les caía bien y se sintieron aliviados cuando lo llevé a este lugar. Renové toda la casa, dejándola como una fortaleza, muy segura y libre de intrusos.

Para servirnos mejor, Jartir contrató a dos mujeres y dos hombres para vivir y trabajar allí. Eran sospechosos, forajidos, gente sin escrúpulos que nos servirían bien en las tareas que llevaríamos a cabo. Jayks, cuando vio todo listo, se emocionó. Sabía cómo tratar con él, siempre siguió mis opiniones.

Comenzamos nuestros estudios investigando cadáveres traídos del cementerio cercano. Pero los cadáveres comenzaron a descomponerse y esto dificultó la investigación. El gobernador de la ciudad donde yo vivía hoy tenía el mismo cargo de alcalde, solo que con más facultades y era mi amigo y cliente. Le pedí los cadáveres de los ejecutados, que me fueron entregados inmediatamente después de la ejecución.

Obsesionado con esta investigación, nunca tuvo suficiente material, descuartizamos los cadáveres, todos los órganos y huesos.

- Estudiar cadáveres es una cosa, seres vivos es otra.

¿Cómo sabremos si funciona? - Preguntó Jayk.

- Lo intentaremos en vivo.

- ¿Como? ¡No podemos hacer esto! ¿Si no funciona? Entonces, ¿dónde encontraremos voluntarios?

- No seas tonto. ¿Crees que podríamos salir y pedir voluntarios? Encontraremos gente disponible. ¿Podemos atrapar a los condenados, no morirán? ¿Qué importa si es de una forma u otra?

- Buena idea, aquí serán bien tratados.

- Claro, y no sentirán dolor. Entonces, queridos Jayks, ¿por qué no debería funcionar?

A través de la ciencia podremos sacrificar personas. Nadie ha hecho nada útil sin antes estudiar mucho e investigar. Víctimas, esto es lo de menos. Piensa en las glorias, la fortuna, lo que podemos hacer. En el futuro, hablarán de nosotros como benefactores.

A mi hermano le brillaban los ojos de ambición, yo sabía cómo convencerlo, solo tenía que despertar su orgullo para animarlo y él haría lo que yo quisiera. Mi amigo el gobernador comenzó a darme los convictos bajo mi palabra que no los dejaría escapar y los mataría inmediatamente después de mis estudios. Le expliqué vagamente lo que estábamos haciendo, me consideraba un sabio y estaba entusiasmado con mis planes.

Ambicioso, anhelaba que su ciudad fuera el blanco de la fama, donde todos prosperaran, especialmente él, a través de las peregrinaciones. Buscando muchas ventajas, me lo puso mucho más fácil y, además de convictos, me empezó a mandar presos que no tenían familia allí.

Me entusiasmé con la nueva investigación sobre seres vivos, todo era diferente y me parecía maravilloso. Les aplicó un fuerte anestésico a ellos, los conejillos de indias, y los abrí para ver el corazón latiendo, los órganos funcionando. Todo me fascinaba, y me interesé cada vez más por los estudios. Tratamos de intercambiar órganos, de una persona a otra y no funcionó, intenté extraer pedazos de órganos, tampoco funcionó. Cada derrota aumentaba en mí la voluntad de seguir haciéndolo bien.

- ¡Debería ser así, tal vez así!

Los presos no me bastaban, ordené a los sirvientes que trajeran más gente. Andaban por ahí, atrapando vagabundos, mendigos incluso engañando a la gente con promesas de empleo o comprando a algún familiar necesitado. No era raro que algunos padres vendieran a sus hijos, o que los niños vendieran a sus padres ancianos. Mis sirvientes a su vez administraron familias enteras incluso con niños, que no se salvaron.

Creyó que podía hacerlo, imaginó que sería fácil y habló alentando a Jayks: ¡No falta mucho, tenemos que hacerlo! Nuestro objetivo final era hacer que los ciegos vieran y los sordos oyeran, pero no pudimos hacerlo y muchas personas resultaron perjudicadas. Muchas de nuestras víctimas murieron durante la investigación en la mesa de operaciones. Otros fueron completamente inútiles, los mató con un veneno muy fuerte. Muchas personas mutiladas quedaron atrapadas en sótanos siendo tratadas por sirvientes y muchas regresaron a la investigación.

- ¡Nada funciona! – Dijo Jayks desalentado.

- Tal vez porque en realidad no nos ocupamos de los enfermos. Funcionará, siento que estamos cerca de descubrir curas fenomenales.

Le pedí a Jartir que me trajera personas ciegas, sordas y mudas. Entonces, a veces secuestrados, a veces comprados o engañados haciéndoles creer que vendrían a un manicomio, tuve muchas personas discapacitadas. Investigamos, tratando de intercambiar órganos enfermos por sanos.

Sin éxito. Me dediqué mucho a mis estudios y no lograba que nada saliera bien. Me estaba alejando cada vez más de mi familia, pasando mucho tiempo en esa casa, en el laboratorio, estaba perdiendo a mis pacientes ricos, gastando mucho y quería más y más para un resultado positivo.

Jayks finalmente se dio por vencido, dejándome solo. Todo era más difícil sin su ayuda. Visité las bodegas, un lugar que Jayks no conocía. Vi a mis cuyes, la mayoría se arrastraban por el suelo, casi todos ciegos y sordos, gemían como locos, parecían animales, sucios y harapientos. Me sentía cansado, el peso de los años hacía mella, amargado, desilusionado, decidí cerrar el laboratorio. Llamé a Jartir.

- Jartir, mi amigo y fiel servidor, la suerte me ha sido ingrata. Quien más que yo merecía obtener resultados después de tanto estudio, después de tanto sacrificio. Dejé la comodidad de mi hogar, pasé noches sin dormir. ¡La ciencia es una ingrata conmigo! Dejaré de estudiar. Debes darles a todos en la bodega una fuerte dosis de veneno. Los quiero a todos muertos y enterrados allí mismo. En cuanto a ustedes, siervos fieles, pueden quedarse en la casa, recibirán su salario todos los meses. Pero debes permanecer en silencio, el que se atreva a comentar lo que pasó aquí morirá.

Ni siquiera esperé a ver cumplidas mis órdenes, volví a mi casa y nunca más, encarnado, volví a esa casa, a mi laboratorio, que solo me había dado decepción. Intenté volver a mis antiguas actividades, pero estaba muy desanimado, descontento y disgustado. Mi familia pensaba que en esa casa había una amante escondida, me respetaban sin tenerme el menor cariño.

Ocho meses después, Jartir vino a decirme que los dos sirvientes se pelearon y uno mató al otro. Y un incendio, del que no se sabe cómo se inició, destruyó la casa, dejando solo escombros.

- Jefe - me dijo, asustado - el demonio se ha instalado allí. Perseguía la casa, podíamos escuchar gemidos, portazos. Tengo miedo de ese lugar. El fuego era obra de ellos, los demonios. Los dos sirvientes se fueron asustados, yo regresé.

- Jartir se quedará conmigo, pero no olvides que nadie sabe lo que pasó en esa casa, ten cuidado con lo que dices.

A mis hijos y mi esposa no les gustó el regreso de Jartir, me exigieron que lo despidiera. Le di mucho dinero y lo despedí. Jartir se fue llorando, llamándome desagradecido e injusto.

Nadie comentó abiertamente sobre los eventos en Casa del Vale. En esa época era común que la gente desapareciera. Luego tomamos a los pobres, aquellos que difícilmente podían quejarse y ser escuchados. El gobernador me fue muy útil, sabía tirar las pruebas y cerrar los casos que iban a parar a sus manos. Solo quedaban vagas impresiones de misterios, de desapariciones inexplicables. Pero nadie sospechó jamás de dos médicos adinerados y respetados. Jayks murió y me sentí muy solo, no podía encontrar paz ni placer en nada, seguía pensando: "¿En qué me equivoqué? ¿Por qué no lo hice bien? ¿Qué me faltaba? Todo lo que hice fue pensando que era cierto. ¿Podría ser que necesitaba mutilar a tanta gente?"

¿Cómo se sintieron muchas personas orgullosas al recordar los errores del pasado?

No es fácil recordar y vernos en condiciones de verdugo. Cuántos errores cometí, cuánto sufrimiento repartí. Los recuerdos duelen, hasta para mí que me siento aun con estos errores. Hoy, soy trabajador en la Siembra del Padre y pregunto: ¿No es por misericordia que sirvo?

Tratando de olvidar, busqué en la bebida un bálsamo para mis torturas, no podía aceptar mi fracaso. Ya no iba más a la clínica, comencé a maltratar a todos los que me rodeaban, alejándome aun más de mi familia. Empecé a tener llagas que se extendían por todo mi cuerpo. No sabía lo que tenía ni cómo suavizar el dolor que era muy fuerte, quemándome como el fuego. Por miedo al contagio, mi familia me encerró en el sótano de mi casa. Estaba ciego, solo en la oscuridad, me sentía rodeado de seres que me odiaban.

Desencarné. Quería refugiarme en el cuerpo con miedo, pero fui sacado de él por horribles criaturas que me miraban con odio y resentimiento. Me llevaron a los escombros de mi antiguo laboratorio, donde estaban mis cinco sirvientes y fuimos torturados por los espíritus sedientos de venganza. Eran los espíritus de mis víctimas, eran horribles, monstruosos. Estaban como desencarnados, me torturaban de placer sin darme tregua.

Después de mucho tiempo, que me parecieron siglos, nos llevaron a un abismo en la Umbral y nos dejaron allí como prisioneros. Encontré a Jayks que también fue arrestado, me odiaba y me culpaba por todo. Todos los días nos visitaban esos horribles espíritus, humillándonos y torturándonos. Eran así porque se negaban a perdonarnos, prefiriendo sufrir y hacernos sufrir, negándose a un período de paz en el plano espiritual, para vengarse.

Jayks y yo intercambiábamos insultos todo el tiempo. Nosotros, los siete prisioneros en esa cueva oscura y sucia, además de sufrir, odiábamos a nuestros verdugos tanto como nos odiábamos entre nosotros.

- Tú, Mark, tienes la culpa de todo. Tú nos llevaste a esto - dijo Jayks -. ¿Dónde está la gloria que me prometiste?

- No funcionó - traté de defenderme -. Podría haberlo hecho, no tuvimos suerte. No me puedes culpar, no obligué a nadie a hacer nada, eran libres de hacerlo. Tú que fuiste y eres ambicioso...

De hecho, siempre somos tentados, pero somos libres de elegir. Pero culpar a los demás es fácil, reconocer nuestros errores siempre es más difícil. Fueron años, muchos años de sufrimiento y poco a poco nuestras víctimas, ahora verdugos, fueron escaseando.

Un día, una gran falange de espíritus malignos nos liberó y nos quedamos con ellos.

Como Jayks y yo peleábamos todo el tiempo, estábamos separados. Me adapté rápidamente a nuevos amigos y pronto pude mostrarles mi inteligencia. El grupo estaba animado, deambulando ya por los umbrales, ya entre los encarnados, cometiendo pequeñas fechorías y grandes juergas.

Hasta que un día nos rodearon buenos espíritus que nos aconsejaron cambiar de vida. Me sentí conmovido, me sentí cansado, recordé el período antes de encarnar y ser el terrible Dr. Mark.

Me acerqué a ellos y los escuché, me trasladé a las palabras amables que me llamaban a la razón y decidí cambiar la forma de vivir. Me llevaron a un Puesto de Socorro, donde amablemente trataron de recuperar mi periespíritu que parecía un monstruo por las torturas sufridas y mis malas acciones.

Encontré a Jayks, después de mucho tiempo separados. Sentí pena por él y sinceramente le pedí perdón. Sentí que estaba tan triste y cansado como yo.

- Mark, cometimos errores juntos, no eres el único culpable. Es cierto que me tentó, lo seguí porque quise, la ambición me cegó. ¡Ambos somos culpables! Que Dios nos perdone, porque yo lo perdono, pero yo no me perdono. ¡Soy culpable!

Sentí mucha tristeza, allí, en ese lugar de paz, era un extraño y comencé a sentir remordimiento. Pero mi remordimiento fue por haber hecho sufrir o haber hecho sufrir a mi hermano y a mis sirvientes, olvidándome de mis víctimas, las personas que nos sirvieron de conejillos de indias. Los recordaba como verdugos que nos torturaban. Me quedé allí un rato, inquieto, triste, sin participar en nada, esperando no sé qué.

- Hermano Mark, te llama un orientador.

Con ansiedad me dirigí al lugar indicado, reconocí al asesor, era uno de los instructores del grupo de eBooks.

- Tienes un periespíritu deformado, no lo pudieron armonizar en este lugar de ayuda, necesitas equilibrarte con las Leyes Divinas, necesitas cosechar lo que sembraste, no como castigo, sino como efecto de la causa que hiciste ¡tú mismo!

¡Espíritu rebelde! No supo aprovechar lo que se le estaba dando en esta educación terrenal. Hermanos en crecimiento abusados. Causaste dolor, mucho dolor, despertaste odio en muchos donde debió haber sido despertado por su inteligencia la gratitud y buenos sentimientos. ¡Grande es tu culpa! Por tu ambición hiciste odiar a los hermanos, despertando en ellos el deseo de venganza. ¡Cuán culpables son los que enseñan a odiar! Irresponsable, usaste cuerpos benditos, ropajes del espíritu, para tus investigaciones, trataste por tu ambición de hacer algo que no sabías.

Abusado de muchas cosas, ¡oh eBooks! Había vuelto a la carne y padecía como hacía sufrir a otros, a sus hermanos.

Me estremecí... Me encarnaron.

# Rescatando

Al ser rescatado, los mentores intentaron armonizar mi periespíritu, tarea difícil, porque yo no ayudé. Guardé rencor a mis víctimas que fueron verdugos para mí. Mi aspecto estaba deformado, pero estaba completamente lúcido. Estuve de acuerdo con el instructor del grupo cuando me dijo:

- La solución para ti, hermano mío, es encarnar. Solo la carne para armonizarla, tiene mucho que aprender.

Pasé las deformidades periespirituales a mi cuerpo físico. Regresé en un cuerpo deforme, hijo de una muchacha soltera que nunca pudo amar a su hijo defectuoso. Tenía solo un pequeño trozo de brazos, había venido sin las manos que tanto mal habían causado. Las piernas eran pequeñas, lo que me dificultaba mantener el equilibrio. Ciego, tenía ojos grandes y fijos que me daban un aspecto aterrador. Mi cabeza era más grande de lo normal y estaba mudo, pero podía oír perfectamente. Era inteligente, entendía lo que estaba pasando conmigo y a mi alrededor. No recuerdo a mi madre, ciertamente le pesé mucho, me abandonó y me crio una pareja de ancianos. Dijeron que me encontraron en el camino cuando tenía unos dos años. Me encantó la pareja, mis padres adoptivos, Frida y Berto. Me alimentaba poniéndome comida en la boca y bañándome de vez en cuando.

Casi no sentí ni escuché a nadie más en nuestra casa. A veces escuchaba voces y tenía miedo, me escondía en mi rinconcito, en mi cama. Esto es porque escuché exclamaciones de asombro.

- ¡Este chico es más feo que el demonio!

- ¡Qué niño tan horrible, pobrecito!

Frida y Berto no pensaron que yo era feo, al menos nunca lo dijeron. En esa casa estaba protegido, logrando moverme porque lo sabía todo, allí no hacía frío, cuando el fuerte viento soplaba con furia. Mi cama era sencilla, un colchón en el piso, mi lugar favorito, donde pasaba horas escuchando todos los ruidos y pensando en cómo sería afuera. Frida caminó conmigo cerca de la casa, que estaba cerca de un gran bosque. Mis padres adoptivos rara vez salían, era Berto quien hacía las compras, pero ellos dos se ausentaban en ciertas noches, regresando solo al amanecer. Frida me recomendó:

- Firmino, vamos a salir, quédate en la cama y duerme.

- Pues mujer - dijo Berto - ¿cómo va a entender el muchacho allí?

- Sé que me entiendes, eres inteligente, aprendes todo.

Yo le enseño, él es obediente. ¿No es mi amor? - Me acarició, me besó y eso me hizo feliz.

No me importaba estar solo, lo malo de estas salidas era que cuando volvían estaban cansados y dormían todo el día y yo tenía que quedarme callado hasta que se despertaban con sed y hambre. Siempre se emborrachaban, a veces cantaban, era hermoso escuchar, reían alegremente. Pero otras veces peleaban y se desquitaban conmigo. Sentí los golpes, me acurruqué y lloré, pronto se arrepintieron y me complacieron. Así fue mi vida hasta los nueve años. Un día escuché gritos de gente extraña, ruidos que no conocía, me fui a esconder a mi rinconcito. Tuve miedo cuando escuché una voz fuerte y fuerte.

- ¡Están atrapados hijos del diablo! ¡Viejos hechiceros! ¿Viven solos aquí? ¿Hay alguien más contigo?

Escuché pasos de mucha gente entrando a la casa y tirando objetos.

- ¡Oh! ¡Que cosa fea! Es el mismo diablo - dijo alguien cuando me encontró.

- ¡Increíble! ¡¿Qué es esto!?

- Es solo un niño, un expósito que acogimos - escuché a Berto explicar.

- ¡Solo puede ser el diablo! Tomemos eso también, los jueces sabrán qué hacer con eso. ¿No tiene brazos? ¿Cómo amarrarlo?

- Pasa la cuerda alrededor de su cuello, para que no se escape.

Empecé a llorar asustado.

Mi llanto era extraño, ningún sonido salía de mi boca, solo ruidos que parecían aullidos. Arrastrado por alguien, me subieron a una carreta entre los dos viejos, eso me calmó, dejé de llorar. Me di cuenta que los dos estaban atados juntos.

- ¡Fuego! ¡Fuego todo!

Escuché el crepitar del fuego y sentí el humo.

- Acabaron con todo Berto, quemaron nuestra casa -. gimió Frida.

- Este es el comienzo - dijo Berto con tristeza.

Frida me apoyó con su cuerpo, evitando que me cayera durante el trayecto. El vagón se detuvo, me levantaron y me separaron de ellos, quedando solo en un lugar sofocante con un olor desagradable que me asqueaba, sentía hambre y sed. Traté de escuchar las voces de mis padres adoptivos con la esperanza de entender lo que estaba pasando.

Pero todo lo que escuché fue gemir y gemir. Estuve en una celda de la prisión, donde pasé horas. De repente, escuché que la puerta se abría, me levantaron y me llevaron a otro lugar que sentí que estaba limpio por el olor. Me di cuenta que estaba rodeado de varias personas, ojalá, pensé que la agonía terminaría. Sin embargo, escuché...

- Vea, señor. Monseñor, qué encontramos con ellos. Se nos dice que lo atraparon para criar. Algo tan horrible como eso no es una persona humana, solo puede ser el diablo.

Me sentí observado, escuché risas.

- ¿Es humano o animal?

- Hijo de hechiceros solo puede ser el diablo.

- A ver si siente dolor, tortúralo.

- ¡No por favor! - gritó Frida -. Es un simple chico inocente. ¡Es un hijo de la creación!

- ¡Cállate, maldita vieja! - Escuché una bofetada fuerte y Frida se calló, pero la escuché llorar. Me acostaron en una mesa fría y sentí dolor. No podía entender por qué y solo lloraba, escuchando risas, comentarios malos. Me desmayé muchas veces al despertarme con agua fría en la cara. Me arrancaron los dientes, las uñas de los pies, me quemaron el cuerpo y me golpearon haciéndome sangrar mucho.

- Eso es suficiente, de lo contrario muere aquí. Llévatelo. Nuevamente me arrastraron, dejándome en ese lugar cargado, con mucho dolor, débil, hambriento y sediento.

Me desmayé muchas veces, quería despertarme en casa, en mi rincón escuchando a mis padres. Ya no tenía fuerzas para llorar y me costaba entender lo que estaba pasando. En esa agonía, vi a través del espíritu, haciéndome aun más confuso, mucha gente, extrañas figuras maldiciéndome. También podía verme en otra forma, cortándolos y torturándolos. Algunas de mis víctimas me acompañaron en esta encarnación, se regocijaron en mi sufrimiento y trataron de hacerme recordar el pasado.

Pasaron las horas, nuevamente me levantaron y me arrastraron, sentí el aire fresco de la mañana, me di cuenta que estaba al aire libre. Me subieron a una carreta y escuché a Frida.

- ¡Firmino, pobre de ti! ¿Que te hicieron? ¡Qué dolor! Todo esto solo porque estabas con nosotros. Muchacho, vamos a un lugar horrible, la Inquisición nos ha condenado. Pero eres inocente, no eres hijo del diablo, ¡eres de Dios! Pídele, Dios, misericordia, piensa bien, no olvides, pídele ayuda a Dios, tu Padre.

Entonces yo no era hijo del diablo como decían, aunque no lo entendía, sentía que ser hijo del diablo era malo. Si yo tenía un padre, cómo me iba a salvar si ni el padre Berto podía hacerlo. Pero escuché, dispuesto a obedecer.

- Deja al chico Frida, pronto todo terminará - escuché a Berto.

El vagón se detuvo, escuché el ruido de mucha gente, unos gimiendo, otros gritando.

- "¡Mueran brujas! ¡Hijos de Satanás!"

Me atraparon y me ataron a un tronco.

- "¡Fuego, fuego!"

El ruido del fuego me aterrorizó, lo sentí bajo mis pies, sentí calor, nuevamente mi espíritu vio a mis enemigos acusándome: "¡Tú mereces esta maldita cosa! ¡Sufre lo que nos hiciste sufrir!" Sentí el fuego quemándome las piernas, recordé las recomendaciones de Frida y pedí: "¡Dios, si eres mi Padre, sálvame! ¡Libérame de estos dolores, ayúdame!"

El fuego quemaba mi pecho, el humo me asfixiaba haciéndome sentir un dolor terrible. De repente me sentí ser arrancado de allí y mi dolor terminó, ya no sentí el fuego, sentí que volaba y me quedé dormido. Me desperté en una cama agradable, fresca y fragante, escuchando una voz amable.

- ¿Quieres agua?

Bebí el agua ofrecida, me sentí muy bien.

- Es hora de hablar y ver. ¿Probamos con Firmino?

Hice un esfuerzo, recibiendo ayuda y deseando tanto, comencé a ver, hablar y tener mis brazos nuevamente. Me estaban ayudando en una Colonia, en un hospital de niños, donde me pareció que todo era maravilloso. Sintiéndome muy bien, decidí disfrutar de la vida tranquila que me ofrecía el Educandario. Recordé a mis padres adoptivos y quise saber sobre ellos.

- ¿Dónde están Frida y Berto? ¡Fallecieron conmigo, no los veo!

Un amable guía me explicó:

- Sus padres adoptivos eran hechiceros, donaron sus almas a la oscuridad y fueron a los umbrales. Donaron sus espíritus, algo que no les pertenece, a hermanos oscuros. Hubo un intercambio, estas entidades sirvieron a sus padres mientras estaban encarnados, ahora que han desencarnado, deben servirles. Es imposible que los veas, sus caminos son diferentes. Firmino, lo crearon pensando en sacrificarlo a estos espíritus, esperaron la ocasión propicia. Pero les agradaste y siguieron postergándolo.

- ¿De verdad me iban a sacrificar?

- Tal vez. Guarda su buen recuerdo y ora por ellos, son hijos de Dios como nosotros, aunque lo hayan negado. Un día, arrepentidos, comprenderán la verdad y volverán al Padre.

- ¿Y los espíritus que vi cuando quemaron mi cuerpo, los que me odiaron?

- Saciada la sed de venganza. Cuando se arrepintieron y lo perdonaron, fueron ayudados, siguieron su camino. Sufrieron y siguieron sufriendo porque se negaron a perdonar, olvidando que todos necesitamos el perdón.

El tiempo pasó.

- Firmino - dijo el líder del grupo - en otra existencia practicaste muchas maldades, no podrás quedarte aquí más tiempo, debes reencarnar nuevamente.

Me entristeció, pero entendí que esos pocos años en un cuerpo deforme no me habían cambiado mucho. Solo quería ser servido, sin pensar en ser útil y sin vibrar para merecer una vida tranquila en una Colonia espiritual.

Recordé pedazos de mi existencia como Mark, me amargué con remordimiento.

Entendí lo importante que es la visión para todos y la perdí.

- Firmino - aclaró amablemente el consejero - nadie te exige nada excepto tú mismo, el sufrimiento que tuviste y tendrás no es una regla, cada uno tiene el aprendizaje a través del dolor, que necesita. Sufrió como tantos otros hermanos encarnados que no cometieron errores como los tuyos.

Queriendo volver a la carne, encarné. Mi nombre era Daniel, era el quinto hijo de una pareja de agricultores. Era un chico muy guapo, cabello rubio rizado, ojos verdes y grandes, pero aun, sin vida. Encarné ciego, fui mimado por todos los miembros de mi familia. Era inteligente, aprendí todo lo que me enseñaron, caminaba normalmente por la casa y alrededor de ella. Me gustaba mucho caminar por la casa, escuchar a los animales, los pájaros, tratar de imaginar la forma de los objetos y cómo serían los colores, me interesaba todo lo que me rodeaba. Cuando tenía cinco años, en una de estas caminatas, solo, se estaba haciendo tarde, estaba distraído jugando sentada en el pasto, sentí que alguien me agarró, me amordazó y me amarró, metiéndome en una bolsa, eso me asustó mucho. Me tiró y, por el ruido, me di cuenta que era un carro, escuché una respiración ahogada, entendí que no estaba solo. Caminamos mucho, o mejor dicho, sentí que la carreta se movía, terminé quedándome dormido. Cuando la carreta se detuvo, me sacaron de la bolsa, me soltaron las manos, me quitaron la mordaza y me pusieron de pie junto a la carreta. Los otros niños lloraban, me di cuenta que eran tres adultos y tres niños tan pequeños como yo, uno de ellos era una niña.

- ¡Para de llorar! Aquí hay agua y pan, come y bebe.

Me di cuenta por el aire fresco que estaba amaneciendo, me pusieron una taza de agua y pan en las manos. Tenía mucha sed y hambre, bebí el agua y comencé a comer la rebanada de pan. Los otros niños gimieron, pero como yo, comieron el pan.

- ¡No llores! ¡Para! Aquí nadie los escuchará. Pronto tendrás nuevos padres.

- ¡Papá! ¡Mami! - Dije en voz baja, no quería nuevos padres, me eché a llorar.

- ¡Ya basta! ¡Vamos, levántate!

Traté de hacer lo que otros hacían, pero no pude, fue entonces cuando se dieron cuenta de mi defecto físico.

- ¡Este chico es ciego! Sus ojos están parados. ¿Tú que lo secuestraste no te diste cuenta de esto? ¿Qué haremos con él? Nadie querrá comprarlo - dijo enojado uno de los hombres.

- Podemos matarlo y esconder el cuerpo - respondió el otro.

- Es demasiado arriesgado, si se enteran...

Escuché todo aterrorizado sin poder entender lo que decían. La mujer dijo:

- ¡No muertes! Déjamelo a mí, yo me ocuparé de él. Partámonos pronto, me iré a Francia y me llevaré al niño ciego.

Escuché la risa de los hombres.

- Igette, le vas a rogar al niño ciego.

En medio de maldiciones y risas, me arrojaron a la carreta. Nos quedamos juntos, asustados, siempre había uno llorando, llamando a los padres. La niña no dijo nada, lloraba todo el tiempo. Paramos varias veces, en estas paradas nos daban agua y pan. Cuando llegó la noche, paramos y pronto escuché el ruido de otro carro y, por la conversación que escuché, llegaron los que habían venido a comprar a los niños, escuché las transacciones. Con todo arreglado, se dio la orden:

- Todos bajan, menos el ciego.

Los dos chicos se bajaron y la chica se aferró a mí, sin querer irse.

- ¡Vamos niña, baja!

Sentí que la agarraron a la fuerza y escuché las bofetadas que le dieron, se fue llorando y gimiendo. Me quedé solo, escuché que el otro carro se iba y los tres se repartían el dinero. El cansancio me hizo quedarme dormido. Me desperté con la voz de la mujer, sentí el sol, estaba alto.

- ¡Chico! ¡Chico, despierta! ¿Como te llamas?

- Daniel.

- Bonito nombre. Soy Igette. Pero, acabas de llamarme mamá. ¿Entendiste? Madre solamente. Si no obedeces, te golpearé con un látigo. ¿Alguna vez te han azotado?

Sacudí la cabeza, nunca nadie me había pegado, estaba muy asustado.

- Bueno, Daniel, no estés triste. Seré una buena madre para ti. Aquí hay dulces. ¿Te gustan los dulces? Quédate con todos. No pienses más en tu otra madre, no les gustabas. Ellos eran sus padres que lo vendieron a estos dos hombres. No creo que te quisieran más, ¡pero yo sí!

Escuché sin decir nada. Con las manos llenas de dulces, me los comí. No podía entender, no podía distinguir la verdad de la mentira, pero sentía que mis padres me querían y que no me venderían. No supe que hacer, sin ver nada no me podía mover y estaba muy asustado, me quedé pasivo e Igette me complació contándome historias, me bañó y me vistió con ropas aromáticas.

- ¡Qué bonito estás! Daniel, viajamos en un vagón muy importante. No olvides, querido, llamarme como te enseñé, simplemente madre. Te daré muchos dulces.

Caminé de la mano de Igette, me di cuenta que pronto llegamos a un pueblo, y yo estaba sentado en un carruaje. Igette fue muy cariñosa conmigo y comentaba con otras personas. "¡Soy una viuda pobre con un hijo ciego! ¡Cómo sufro!"

El viaje tomó mucho tiempo, paramos en muchos lugares, todos nos trataron bien. En la ilusión de un niño, no me di cuenta de lo que realmente estaba pasando, estaba disfrutando del paseo y las golosinas, pero también tenía mucho miedo de Igette que siempre me amenazaba: "Quédate bien, si me desobedeces te azotaré." Hablaba poco y la llamaba únicamente madre. Cuando llegamos a nuestro destino, en un pequeño pueblo, Igette alquiló una casa. Ella no era de las que trabajaban, así que todo estaba sucio y desordenado. Se acabó el dinero, así que me enseñó a mendigar. Aprendí todo rápidamente, comencé a rogar con ella, luego por mi cuenta. Los recuerdos de mis padres y hermanos eran escasos y, si comentaba algo sobre ellos, Igette me amenazaba con gritos, a veces incluso pegándome y nunca decía nada sobre ellos.

Pasaron dos años, yo rogando y apoyando a Igette. Así que tomó un amante, Will. A él le gustaba beber y siempre estaba borracho. Un día se peleó y tuvimos que correr y escondernos. Conocía bien la montaña y nos llevó allí, donde había una casa abandonada y empezamos a vivir allí. El lugar era de difícil acceso, nadie pasaba por allí. Will, emocionado por haber escapado, reparó la casa y se puso a trabajar cercándola e hizo un huerto, robó pollos y algunas ovejas y comenzó una pequeña granja.

Cuando Will no bebía, era trabajador, me trataba bien. Me enseñó a moverme, a tratar con los animales, a cuidar el jardín. Me sentí muy bien allí, pero el peligro pasó e Igette y Will comenzaron a ir a la ciudad y beber de nuevo, peleándose y golpeándome a veces. Yo ya era joven y me exigían mucho, comencé a atenderlos, trabajando mucho, pero el solo hecho de no mendigar más me hizo aguantar todo. Will me enseñó cómo navegar por la ciudad con el viento, cómo sentir el clima. A veces los acompañaba en sus viajes a la ciudad y les hablaba a todos con orgullo: "¡Este joven es ciego! Es nuestro hijo y a cualquiera de ustedes los tomará bajo el brazo. Es listo y todo lo hace solo." Pero estos viajes a la ciudad siempre terminaban en borracheras y en uno de ellos, cuando llegaban a casa, me golpeaban tanto que estaba todo ensangrentado.

Pensé en huir, pero al poco tiempo volvieron a salir para ir a la ciudad y no regresaron. Pasaron los días y decidí ir a la ciudad a ver qué pasaba.

- Tus padres se fueron con los gitanos - dijo el comerciante.

Yo era feliz, ahora la casa era solo mía. Muchas veces pensé en ir en busca de mis verdaderos padres, y de mi familia, ahora que no tenía a nadie que me cuidara, podía ir. Pero no sería fácil, no sabía mi nombre completo, recordaba los nombres de tres de mis hermanos y no sabía dónde vivían. Sabía que no estaba en Francia, porque había aprendido a hablar francés cuando llegó con Igette. Tal vez vivían en Inglaterra, pero ¿dónde? y como ir? Terminé rindiéndome. Solo me ocupé de todo, tranquilamente continué cambiando mis productos por lo que me faltaba con este amable comerciante. Pasaron los años.

Un día, de regreso de la ciudad, escuché un llamado de auxilio a lo lejos, siguiendo el sonido de la voz me dirigí allí. Los gritos procedían de un barranco no muy profundo, pero peligroso por las piedras que los rodeaban. Muchas veces había caminado allí con Will.

- ¡Calma! ¡Calma! - Dije, tratando que dejara de gritar y hablara para saber dónde estaba.

- ¡Dios mío! – Pensé -. ¿Qué hago? No puedo dejarlo allí e ir a pedir ayuda, podría caerse y morir. Debo tratar de salvarlo. Tenía una cuerda que usaba para atar las ovejas, la até a un árbol fuerte y bajé, guiado por la voz de Juan, en el camino de regreso pensé. Él nos guiará y subiremos más fácil. Con alivio lo alcancé.

- ¿Estaba herido?

- No, solo lo rasqué un poco.

Al menos no estaba herido, eso lo haría más fácil.

- ¿Cómo te caíste? ¿Cuántos años tienes?

- Dieciséis, señor. ¡Estoy ciego!

- ¡Dios mío! – Pensé -. Un ciego guiando al otro. ¿Qué hago? Quedarme aquí no solucionará nada. Es mejor subir.

Até la cuerda alrededor de su cintura.

- Sostenlo aquí.

Subí lentamente, con una mano palpé, con la otra sostuve la cuerda y con la otra tiré, logramos subir. Pronto sería de noche, lo invité a mi casa y aceptó. En casa le di agua fresca y comida. Juan me contó la historia.

- "Pobre hombre - pensé - es tan triste perder a su madre, está tan solo como yo.

Lo invité a quedarse conmigo y enseñarle cómo superar las dificultades y hacer lo que fuera necesario por su cuenta. Incluso sin querer, Igette y Will me enseñaron mucho. Su madre, queriendo perdonarlo, no lo dejó ser autosuficiente.

Nos hicimos amigos, me sentía responsable por él y que debía ayudarlo. Y así lo hice, le enseñé todo lo que sabía, pero Juan tenía un temperamento difícil, me exigía mucho. Nuestra vida era sencilla, trabajando en el jardín, cuidando las crianzas e intercambiando nuestros productos, así pasaban los años...

Juan se enfermó, me preocupé por él, compré medicinas en el pueblo, le di té, pero empeoró. Tosía mucho y tenía una fiebre que a veces lo hacía delirar, decía nombres extraños, me llamaba Mark, hablaba de víctimas y torturas. Agravándose, hasta vomitó sangre y nunca se levantó de la cama, en una crisis se desencarnó en mis brazos. Extrañaba mucho a mi amigo; lo enterré junto a un macizo de flores cerca de la casa, flores que Juan había cuidado con tanto cariño. Lo envolví en una sábana y con profunda tristeza le tiré tierra encima.

Durante cinco años viví solo, cansado y viejo, todo lo hacía lentamente y sin entusiasmo. El reumatismo me castigaba y caminaba con dificultad.

Solo hablaba cuando iba a la ciudad. Empecé a pensar en la muerte.

- Moriré solo, no tendré quien me entierre.

Juan me había enseñado a orar. Empecé a orar con fe y a pedirle a Dios que no me dejara morir solo y no ser enterrado, no quería afear mi hogar con la descomposición de mi cadáver. Para mí ese lugar en la montaña era hermoso, me encantaba. Di gracias a Dios por escuchar, entendía cada ruido, me gustaba escuchar los pájaros, la lluvia, los animales, el viento y el vaivén de las hojas de los árboles.

Pero fue en la puerta del establecimiento del comerciante con el que había intercambiado mercancías durante tantos años que caí desencarnando de un infarto. Amablemente dispuso que me enterraran en el cementerio, tomando mis bienes para gastos, como también fue a mi casa y tomó lo que era útil. Dios me respondió, las oraciones sinceras siempre se escuchan, no fallecí solo y fui sepultado. Me inquietó la muerte de mi cuerpo, tardé días en comprender lo que había sucedido. Espíritus bondadosos rescatados me explicaron que había desencarnado y me llevaron a un Puesto de Socorro. Allí encontré a mis padres, eran dos de mis antiguos sirvientes en el laboratorio.

Nos reconciliamos, entendimos por qué sufrimos, pero especifico que no todos los que sufren o sufrieron como nosotros pudieron haber hecho lo que hicimos.

Cada sufrimiento es una experiencia de aprendizaje y las causas pueden haber sido diferentes. Mis padres sufrieron el dolor de la separación de un hijo y yo sufrí la ausencia de los padres, la privación de la vista, que irresponsablemente les hice a tantos hermanos ciegos.

Al recordar el pasado, me entristecí, comprendí por qué Juan había vuelto a la carne. Cuando nos sentimos endeudados, nadie nos cobra, nosotros mismos sentimos la voluntad y la necesidad de equilibrarnos con la Ley Divina para tener paz.

Traté de ser útil en el Puesto de Socorro y meditar las lecciones que escuchaba, quise reencarnar junto a Juan, ese espíritu de convivencia entre los errores y el sufrimiento y, cuando llegó la oportunidad, encarné.

Yo era Pierre, el primer hijo de Michel y nos amamos mucho, estamos verdaderamente reconciliados. Yo tenía una vida sencilla en ese pueblito, me gustaba trabajar, era feliz haciendo cualquier trabajo, desde pequeño ayudaba a mi padre en la tienda.

Como mi padre, no tenía religión, era retraído, callado, no me gustaba la gente holgazana. Cuando era joven descubrí que era impotente, sufrí mucho por esto, vi a todos mis hermanos casarse y tener hijos. Me quedé soltero, dedicándome mucho al trabajo. Siempre viví con mis padres y lo lamenté mucho cuando fallecieron. Tenía cincuenta años cuando me enfermé y los médicos no sabían qué tenía, era una enfermedad renal rara, me hinché mucho, sentía que iba a reventar, sufrí mucho durante dos años. Desencarné y me perturbé, continuando en casa, pensando que estaba en el cuerpo de carne. Si no aproveché la existencia para hacer obras útiles o aprender, tampoco hice mal y sufrí con resignación. Un día, sentado en el porche y sintiéndome muy triste, vi que se me acercaban unos señores muy amables que me invitaron a un hospital para que me trataran. Acepté feliz y me fui con los rescatistas a un hospital en un Puesto de Socorro donde me enteré que había fallecido. Recé por mi padre y cuando también fue rescatado, nos abrazamos de la emoción. ¿Cuántas veces desencarnamos? Incontables veces. Y ni siquiera nuestras propias desencarnaciones son iguales. La ayuda es la primera cosecha de nuestras buenas obras. A menudo es a través del sufrimiento que nos conectamos con el bien y somos ayudados. No importa si en una encarnación fuimos ayudados inmediatamente y en otras no. La ayuda depende de nosotros mismos y, mientras no estemos firmes en los aprendizajes recibidos, estas variaciones suceden.

Michel y yo acordamos volver a ser médicos, nos preparamos y, llenos de esperanza, reencarnamos.

# Aprendiendo a dar valor

Encarné en Francia, mi nombre era Huts, teniendo a Gert como mi hermano mayor, amigo y compañero, porque nuestros padres se peleaban mucho. Nuestra madre tenía una preferencia por mí, que no podía entender, le molestaba ver a Gert menospreciado. Después de tantas peleas, nuestros padres decidieron separarse.

- Me quedo con Huts, es el más pequeño, necesita más a su madre, ¡me lo llevo! - Le gritó a mi padre.

Nos separamos sin siquiera opinar, me fui con ella a Hungría, donde vivían mis abuelos maternos. Encontré extraño el país, las costumbres, y lamenté la ausencia de mi hermano, quería estar con él, no me importaba quedarme con mi padre o mi madre. Mis abuelos eran ricos, vivían en una casa grande y bonita y nos quedamos con ellos. Siempre le escribía a Gert, me encantaba saber de él. Por él me enteré del matrimonio de mi padre y de mis medios hermanos. A diferencia de mi padre, mi madre ya no se casó, dedicándose su vida solo a mí.

- ¡Huts, eres hermoso! ¡Eres todo para mí, eres todo lo que tengo!- Siempre me decía.

Autorizaría, controlaría y resolvería todo por mí. Cuando elegí estudiar, a ella no le gustó, pero la medicina era mi pasión y terminé convenciéndola.

Me gradué fácilmente y mi abuelo me regaló un viaje a Francia.

Cuánto me alegró volver a ver a Gert que, como yo, había estudiado medicina y acababa de graduarse. Cuando lo vi, sentí una punzada de envidia, vivía bien con mi padre, era libre de hacer lo que quisiera. Hablamos, intercambiamos ideas, visitamos escuelas y hospitales. Mi madre insistió en mi regreso, aunque disfrutando de la libertad que disfrutaba, regresé temiendo enfermarme. Mi abuelo, ya anciano, comenzó a pasarme las responsabilidades de sus propiedades, lo que ocupaba mucho de mi tiempo y me impedía dedicarme como quería a mi trabajo como médico.

Me casé con una chica que mi madre pensó que me convenía, rica y muy educada. Viajamos, mi mujer y yo, a Francia, donde volví a ver a Gert, que también se casó. Esta vez no me quedé mucho tiempo, pero pasé el mayor tiempo posible hablando con Gert, nos entendíamos en todo. Mis abuelos murieron y tuve que administrar las propiedades que ahora eran de mi madre y la propiedad de mi esposa. Llevando una agitada vida social, entre fiestas y viajes, la medicina, que tanto amaba, quedó en un segundo plano, si alguien asistió fue entre nuestros amigos y familiares. Terminé siguiendo el consejo de mi madre:

- Deberías dejar la medicina a los que necesitan para ganarse la vida, no la necesitas, eres rico. No debes practicar, no es bueno tener contacto con personas enfermas o pobres, sucias e ignorantes.

Mi madre vivía conmigo, nunca dejó de controlarme, haciéndome todo más fácil, resolviendo todos mis problemas. Vivía fuera de la realidad, mimada, teniendo todo con facilidad, ni siquiera me daba cuenta que mi mujer sufría y que era mi madre la que se encargaba de todo, incluso de mis hijos. Tenía tres hijos, tenía treinta y ocho años. Para celebrar el sexagésimo cumpleaños de mi madre, decidimos viajar a Francia. Muchos de nuestros amigos nos acompañaron. Me gustaba viajar, me alegraba la idea de volver a ver a Gert y conocer a mis sobrinos.

El viaje transcurrió sin problemas, sin contratiempos, hasta que nos robaron. Cogidos por sorpresa, cuando nos habíamos detenido a descansar a la orilla de un riachuelo. Bajo amenazas, nos callamos y nos quitaron las joyas, el dinero y la ropa. Estaban a punto de irse cuando uno de los ladrones agarró a mi hija de tres años.

- La tomaremos como rehén, cuando estemos a salvo la soltaremos en el camino.

Aprensivo, avancé hacia él, tratando de evitar que la tomara. Él la soltó, ella corrió hacia mi esposa y forcejeamos. Cobardemente, otro bandido me hirió en la espalda. Huyeron rápidamente, dejándonos muy asustados.

Yo era el único médico allí, sentí que estaba perdiendo mucha sangre. Con dificultad iba diciendo lo que debían hacer conmigo. Luché para no morir, sabía que no duraría mucho. Revisé mi pasado como en una película, todos los hechos importantes pasaron por mi mente, mi infancia, algunos eventos que ya no recordaba. También me encontré cortando gente.

- "¿Qué he hecho en mi vida? Dios mío, ¿qué he hecho? - Yo pregunté -. ¿Por qué no me dediqué a la medicina que tanto amaba?"

Llamé a mi esposa, aprovechando que mi madre se desmayaba en un ataque de desesperación.

- Promete educar a nuestros hijos, no malcriarlos como a mí me malcriaron.

Me tranquilicé con su sí, mi madre volvió de su desmayo y estaba gritando desesperadamente.

- ¿Por qué Huts les impidió llevársela? Cualquier cosa podría pasar menos a él! ¡Vive, hijo mío! ¡No mueras!

Habían ido a buscar ayuda, me estaba debilitando y sabía que era inútil, sentía que iba a morir. Pensé, en la agonía, que si me hubiera dedicado a la medicina, no tendría tiempo para tantas futilidades, no habría viajado. Lamenté no haber aprovechado la oportunidad de trabajar, de ser útil. Desencarné triste y muy amargado.

Mi madre no estaba contenta con mi muerte, quería vengarme, ofrecía recompensas por capturar a los bandidos. Mamá lloraba, se lamentaba, me llamaba inconformista, y atraído por sus lamentos, yo vagaba a su lado. Me abrazó, confundida, ahora llorando, ahora compadeciéndome. Muchas veces quise irme, sabía que había desencarnado, pero si me iba de cerca de ella, ella se desesperaba y volvía a atraerme. Mi esposa quería volver a la casa de su padre y estaba maldita, mi madre quería que todos sufrieran como ella. Pero mi esposa era joven y tenía la intención de hacer lo que me prometió y le tenía miedo a mi madre. Regresó a la casa de sus padres y pronto se volvió a casar, rehaciendo su vida.

Mi madre no pudo aceptar mi desencarnación y empezó a actuar como si todavía estuviera encarnado. Haciendo lo que le gustaba, hablándome, dejándome muy alterado y yo atada a su lado.

Un espíritu puede obsesionar a una persona encarnada por varias razones, por venganza, por no comprender su estado desencarnado, incluso por pasión. Pero, amando con exceso y sin razón, sin comprender las leyes muy simples y naturales de la desencarnación, el encarnado puede tener a su lado al amado desencarnado. Cuántos padres afligidos, desconsolados, pensando que la muerte los ha separado para siempre, o que el ser amado ha terminado, sufren desesperados, dañando casi siempre a quien aman. Mi madre me hizo esto, me sostuvo a su lado. Sufrí mucho, a veces pensaba que me había vuelto loco o incluso pensaba que estaba encarnado.

Mi madre se enfermó, me llamaba sin parar.

- ¡Huts, ayúdame! Me duele la pierna, el brazo. ¡Cúrame hijo!

Desesperado, traté de ayudarla sin éxito, incluso agravando su estado con mi desesperación y perturbación. Ambos estábamos enfermos. En agonía desencarnó, vi morir su cuerpo, su sepultura, comprendí y tuve confirmación que también ella había desencarnado.

Tan pronto como mamá despertó del sueño que tenía cuando desencarnó, regresó a su casa y continuó como una persona encarnada, sufriendo y llamándome. Estaba cansado, lloré mucho, comencé a orar, lamentando la vida vacía que tenía.

- Dios mío - exclamé - la muerte no debe ser solo eso. Tiene que haber un lugar donde vayan todos los que mueren. ¿Dónde es esto, es el cielo o el infierno? ¿Por qué estoy aquí? ¡Ayúdame Jesús!

Quiero descansar, tener paz. ¡Perdóname! Estaba siendo sincero, clamé misericordia y fui socorrido, separado de mi madre, quien tiempo después también fue socorrida. Llegué a saber que mi madre era Igette que queriendo volver a estar conmigo me amaba en exceso haciéndome daño. Nos mantuvimos unidos, entendimos nuestros errores. Si hubiera sido una persona que hubiera hecho bien, no hubiera podido hacer lo que hizo. Pasamos este período de sufrimiento vibrando egoístamente. Igette reencarnó en la familia, siendo nieta de la nuera que tanto la atormentaba. Hoy Igette está bien, está feliz.

Pensé mucho en este período que pasé desencarnado. Tenía miedo de volver con posesiones porque sabía que mi amor por la medicina me llevaría a estudiar de nuevo. Temeroso de equivocarme, pedí encarnar entre los pobres. Porque ya no cometemos errores cuando realmente aprendemos la lección. Un espíritu tiene muchas razones para desear ardientemente encarnarse. Cuando ama más la vida encarnada que la espiritual. Cuando el ego personal es atraído a la vida física como un imán al hierro. Para olvidar el pasado y deshacerse de los remordimientos. Pocos quieren encarnar para aprender y progresar. Ansiaba encarnar porque no me creía digno de vivir desencarnado, disfrutando de la libertad y las bellezas de un Puesto de Socorro o Colonia. Queriendo encarnar y probarme a mí mismo que había superado mis adicciones, queriendo volver victorioso, pedí ardientemente la oportunidad de reencarnar. Pensé en Brasil, una tierra nueva que comenzaba a ser colonizada y por lo tanto necesitada de espíritus de trabajo. En la Colonia conocí a Xing, un chino que, cuando encarnó, había sido médico, se había equivocado y tenía muchas ganas de corregirlo. Prometió ayudarme.

- Te ayudaré desde el lado de acá. Trabajaremos juntos. Me verás, me escucharás, serás un médium, un sensitivo, sufrirás la incomprensión por esto.

- Me acostumbraré, no me quejaré, esto me dará confianza. ¡Trabajaremos juntos!

Nací y pasé mi infancia en un pequeño pueblo de Portugal. Recibí el nombre de Joaquim. No era un chico como los demás, era sincero, espontáneo, creaba confusión en la familia con adivinanzas y para leer los pensamientos de los demás.

- ¡Te caerás de la silla! - Exclamé.

- ¡Ufá! ¡Tú eres culpable! ¡Mamá, Joaquim dijo que me iba a caer y lo hice!

Todo lo que dije pasó, no es que yo tenga la culpa, sentí que iba a pasar y pasó, sobre todo con mis hermanos. Mi madre estaba preocupada por mí, me llevó al médico que después de examinarme dijo:

- Su hijo está sano, nada anormal. Es solo imaginación y coincidencia.

Fue a los cinco años que recibí mi primera paliza, cuando le dije a mi tía que su marido tenía otra mujer. No entendía por qué mamá me golpeaba, no entendía qué me estaba pasando. Me enseñó a no mentir y le dije la verdad. Fui tildado por miembros de la familia, para disgusto de mi madre, como desequilibrado, mentalmente enfermo.

Pero en la escuela aprendí rápido, siendo el mejor de la clase, me gustaba estudiar y aprender. Solo estuve dos años en la escuela, sabía leer y escribir bien, mis padres me sacaban a trabajar en el campo y también porque había muchas quejas. Sabía lo que pensaban los demás, desmentía a sus compañeros y profesores, todo lo que decía se hacía realidad. Para mí era normal, hablaba sin dificultad, pero para otros no. Siempre estaba siendo golpeado, ya sea por mis padres o hermanos mayores. Empecé a tener miedo, decían que estaba poseído por el diablo, a veces decían que eran espíritus malignos que se me acercaban. Sin entender, sufrí la incomprensión de los míos.

Un día, después de decir que un vecino mentía, mi madre me encerró en el sótano de mi casa, donde pasé dos días sin comer y en la oscuridad. Tenía casi diez años. Lloré, sentí mucho miedo, no sabía cómo actuar, fue entonces cuando vi una hermosa luz que iluminaba el ambiente, llenándome de valor y alegría. Vi a un hombre, un chino, que me dijo:

- Joaquim, no tengas miedo, somos amigos. Todos estamos vivos, los que mueren, viven en el espíritu y tú, que tienes un cuerpo físico, vives en un estado encarnado. Yo soy un espíritu, tu amigo y vine a ayudarte. No es tan malo. Lo que sientes y ves, eres diferente de otras personas, puedes ayudar a muchas personas necesitadas.

- Solo que ellos no entienden esto. Estoy castigado y no hice ningún daño.

- No te enojes, entiéndelos. Para evitar el castigo, no le digas a nadie lo que sientes y ves, guárdatelo. Solo habla si te lo preguntan. ¿Entendido?

- ¿Pasaste por la puerta cerrada?

- Sí, los espíritus pasan a través de la materia.

- ¿Eres realmente mi amigo?

- Soy tu amigo y siempre que quieras hablar conmigo estaré a tu lado. Pero no se lo digas a nadie, no lo entenderán y dirán que mientes. Mi nombre es Xing.

- Si no digo nada, no me castigarán. ¡Me gustas!

- Te ayudaré, te haré dormir, así el tiempo pasará rápido.

Dormí la mayor parte del tiempo y cuando mamá me sacó, hablé con firmeza.

- Mamá, no diré más de lo que veo.

- ¡Dios lo escuche!

Así lo hice, me volví tímido y solitario, alejándome de la gente. No dije nada más que vi o sentí, solo hablé con Xing y en secreto, aprendí a dialogar con él mentalmente. Yo trabajaba con mi padre en el campo, no salía de casa, mi familia me trataba con desprecio.

Un día, mientras paseaba por el bosque, me encontré con un anciano y hablamos mucho. Le dije mi problema.

- Joaquim, lo que sientes, ves, no debe hacerte feliz, este hecho no es raro como crees, mucha gente es como tú. Tienes dones que, si se usan sabiamente, pueden hacer mucho bien, tanto para ti como para los demás. Te ayudaré a comprender tus facultades.

Con sencillez este señor me explicó lo que me pasaba, era médium.

Empezamos a vernos todo el tiempo y él me enseñó a bendecir, a usar las hierbas como medicina. Un día encontré su cabaña vacía, llegué a saber que había desencarnado como había vivido, solo y tranquilo.

Yo tenía diecinueve años y en Portugal se hablaba mucho de América, de la Colonia de Brasil. Tenía ganas de irme, vivir en las nuevas tierras de Brasil, y Xing me animó.

- Joaquim, en Brasil, comenzarás una nueva vida. No hay tantos prejuicios de tus facultades y podrá ayudar a otras personas.

Lo pensé, decidí irme y le dije a mi familia.

- Me voy para Brasil, me voy a vivir allá.

- ¿Solo?

- Sí, con Dios.

Mi madre fue la única en sentirlo, los demás suspiraron aliviados, era una cosa menos de qué preocuparse. Tenían miedo de mí, de lo que pudiera decir de ellos y siempre me decían:

- Suerte para ti es que la Inquisición ya no mata, de lo contrario irías a la hoguera.

Por primera vez me entusiasmé con algo, todos me ayudaron con el dinero que necesitaba solo para ir. Empaqué mis pertenencias y felizmente me despedí de ellos. Mi madre lloraba abrazándome:

- Joaquim, vamos, no le cuentes a nadie tus rarezas. Prométeme.

- No te preocupes, tendré cuidado y no diré nada.

Me pareció hermoso el barco y me encantó la inmensidad del mar. Fue un viaje incómodo, agotador, pero sin problemas. Todos los inmigrantes buscábamos una nueva vida en tierras brasileñas, estábamos esperanzados y llenos de sueños. Sentí a Xing siempre cerca de mí. Charlamos, intercambiando ideas, pero cuidando de no comentar nada a los demás pasajeros para no tener problemas, como decía mi madre. Llegamos, se habló mucho de las bellezas de Brasil y me alegró ver que no era una exageración. Desembarqué en Santos y busqué un lugar para quedarme. Me instalé en una posada sencilla, cerca de los muelles, y ahí conseguí trabajo.

Me asombró la esclavitud, no podía aceptar ver negros cautivos obligados a trabajar para blancos.

- Todo esto es temporal - me dijo Xing -. Estamos de paso en la Tierra, unos van, otros vienen. Ten bondad con ellos, el color de la piel no difiere del de los espíritus.

Me gustaba mi trabajo, contaba sacos, piezas para exportar. Ganaba poco, pero podía vivir modestamente. Inmediatamente le escribí a mi madre contándole todo y diciendo que estaba disfrutando de la nueva tierra. Las cartas tardaban meses en llegar al destinatario, iban por barco. En el puerto, los negros trabajaban como estibadores, trabajaban mucho, comían mal y eran castigados mucho. No pude ver una paliza que me repugnara, me esforcé por no atacar físicamente a los capataces. Pero yo estaba enojado y les deseé el mal.

Empecé a notar que los enfermaba y que también se estaba enfermando.

- Joaquim - me explicó Xing - al desear a alguien bien o mal, una parte de lo que deseamos se queda en nosotros. Los pensamientos emitidos son fluidos que pueden ayudarnos o dañarnos. Tienes fuerza mental. Al desearles daño, los dañas tanto como a ti mismo. Todos debemos tener cuidado con lo que pensamos. Verlos a todos como hermanos, los esclavos como espíritus que cosechan y capataces como los que siembran. Aunque estos siguen órdenes. Pero quien abusa de los más débiles, algún día sufrirá por este acto.

- Creo que debo cambiar, esto no me está haciendo ningún bien.

Pensé en mudarme al interior, cuando recibí una carta de mi hermano informando que mi madre murió después de mi partida. Les escribí una última vez, diciéndoles que no se preocuparan por mí y que no iba a escribir más.

La que se preocupaba por mí era mi madre. Con su muerte, el vínculo familiar terminó.

De los muelles se sabían muchas cosas, las haciendas del interior necesitaban gente para trabajar además de los negros. Así fue como, habiendo sido contratado, partí con un grupo que había venido a comprar esclavos.

Los esclavos no fueron maltratados, pero estaban tristes, infelices, nostálgicos, hablaban poco y nunca sonreían. Qué tristeza ver hermanos subyugando a hermanos. Dios nos hizo libres, es muy irrespetuoso esclavizar a otros. En el camino, atendí a un esclavo que tenía una herida en la pierna y di a luz a una niña con mucho éxito. Como había dicho Xing, pensaron que era normal y que yo era bienvenido entre ellos, y tan pronto como llegamos, difundieron la noticia por la granja.

- Joaquim bendice y cura con hierbas.

Me gustó el lugar, la finca era grande con muchos árboles, cafetales y mucho ganado. Mi trabajo consistía en custodiar la casa principal como vigía. No me gustó, pero era lo que un hombre blanco obtendría en una granja. Me encantó el lugar, era tranquilo, bien cuidado y su dueña era una buena persona.

Me gustaba hablar con los negros y me convertí en su amigo. Escuché sus historias, que casi siempre eran tristes, y aprendí de ellos sus creencias. Entre ellos, se destacaron Mãe Jovina y Pai Tarcílio, viejos negros de África que sabían mucho sobre lo sobrenatural que llamaban brujería. Me gustaron mucho y me enseñaron a usar mi fuerza mental para el bien y el mal. Pero el mal no me atrajo, sentí que ya había sufrido mucho en este camino y me dediqué solo al bien. Me gustaba ayudar a todos, curarlos como sabía, me convertía para ellos en un médico. Debido a mi amistad con los dos viejos hechiceros y mis bendiciones, terminé siendo llamado y conocido con el sobrenombre de Hechicero. No cobraba nada. Además, mis clientes eran más pobres que yo, pero los colonos siempre me estaban dando comida, ropa, objetos sencillos. Me respetaban y me estaban agradecidos.

El trabajo me molestaba y además me impedía contestar a todas horas. En la finca había un cerro, un lugar muy bonito con un manantial de agua. Le pedí al dueño de la finca que residiera allí, me lo permitió y construí una pequeña casa en la que me fui a vivir. El camino era fácil y todos en el vecindario iban allí fácilmente.

Planté árboles frutales, cultivé una huerta y muchas hierbas, también crie los animales que me donaron. Empecé a llevar una vida sencilla, solo salía del cerro para ayudar a alguien que no podía ir. Atendía a todos los que venían a mí y también cuidaba a los animales enfermos. No había médicos en los alrededores y el médico más cercano estaba a millas de distancia en la ciudad. Allí vivía solo, pero era muy feliz.

- ¡Hechicero! El jefe lo llama. ¡Una serpiente mordió la Siñáziña!

Era el capataz de la granja llamándome. Conseguí mis hierbas y fuimos a la casa grande. Con la ayuda de Xing, salvé a la Siñáziña.

- Gracias a Dios, está bien - dijo feliz el señor de la finca -. Quiero premiarte, Hechicero, eres bueno y útil para todos nosotros, salvaste a mi hija, puedes quedarte para siempre en la colina y te daré algunos regalos.

Me obsequió con alimentos y muebles, lo sobrante les daba a mis pacientes. Este granjero era bueno, no maltrataba a los esclavos y nunca me molestó. Un día, me trajeron un niño de ocho años para que lo examinara.

Su nombre era Alfredo. Cuando lo vi, reconocí en él un espíritu querido y sentí mucha emoción.

-"¡Somos amigos! Me gustas, ven a trabajar conmigo algún día.

Alfredo estaba sano, solo tenía lombrices, se recuperó pronto, pocas veces lo vi pero siempre preguntaba por él. Años después, ya joven, Alfredo me buscó. Su padre estaba enfermo, estaba muy mal. No pudimos hacer nada, pronto la noche desencarnó. Alfredo se interesó en lo que estaba haciendo y empezó a visitarme, comencé a enseñarle lo que sabía. Aprendía rápido, era inteligente y tenía muchas ganas de aprender.

- Ven a vivir conmigo, Alfredo, aquí aprenderás y me ayudarás. Hagamos otra habitación que sirva como dormitorio.

Llegó Alfredo, coincidimos mucho y me convertí en un padre para él. Le enseñé todo lo que sabía, le di mis libros y apuntes y empezó a ver gente conmigo.

- Te dejo en mi lugar. Un día me iré al mundo espiritual, tú te quedarás aquí, ayudando a esta gente sencilla y buena.

Yo ya estaba viejo y cansado, no soportaba bajar el cerro, Alfredo cada vez hacía más mi trabajo y pronto se ganó el apodo de Sanador.

Desencarné en mi sueño para despertar en espíritu en los brazos de Xing y otros amigos agradecidos. Lloré de felicidad, pronto comprendí que había desencarnado. Qué bueno es sentirse bendecido, verse rodeado de gente agradecida, con ganas de devolver los beneficios. Es en el momento de la desencarnación, de la muerte del cuerpo, que recibimos la primera cosecha. Como Mark, he sido maldecido, desesperado me acompañó junto con mis acciones. Ahora, como Joaquim, contagié el bien y las obras volvieron a acompañarme, dándome alegría y un enorme bienestar. Le agradecí a Xing.

- Mi amigo, te estoy agradecido. Me ayudaste mucho.

- Joaquim, trabajamos juntos, somos compañeros. Ahora volveré a la carne, me reencarnaré en China. Vuelvo con la firme intención de acertar. Quien lo hace, lo hace por sí mismo. El bien que hice contigo me hizo más fuerte.

- Xing, no podré ayudarte. Quiero quedarme aquí, en Brasil. Quiero ayudar a Alfredo, él sabe que nos une una gran amistad, debo guiarlo.

- Entiendo. Aquí es donde usted pertenece. No te entristezcas por no acompañarme, al que ayuda se le ayuda. No se debe hacer nada esperando recompensas. Te ayudé ayudándome a mí mismo. Los que aprenden y adquieren conocimientos son nuestra herencia que las polillas no roen, el tiempo no envejece.

Nos despedimos, Xing se fue feliz con mucha confianza en él, y efectivamente volvió victorioso, practicó la medicina con sabiduría, era médico de todos, ricos y pobres, trataba a los enfermos y no a las personas con distintivos de clase.

Me quedé con Alfredo, trabajábamos juntos, curando a la gente con hierbas, él adoctrinaba a los espíritus que acompañaban a los encarnados y los llevaba a un Puesto de Socorro. Pasaron los años, Alfredo desencarnó y pude desligarlo y guiarlo.

- Estudiemos ahora, Joaquim, para saber ser útiles.
Quiero volver a ser médico.

Alfredo estaba emocionado, fuimos a una Colonia y estudiamos medicina. Se preparó felizmente para reencarnarse.

- Vuelve, Alfredo, quiero quedarme aquí un poco más.

- ¿Tienes miedo del pasado?

- Nuestros errores pertenecen al pasado, no podemos cambiar el pasado. Debemos pensar en lo que estamos haciendo ahora porque es lo que determinará nuestro futuro, los eventos de nuestra próxima encarnación. No le tengo miedo al pasado, quiero construir mi futuro sobre el bien.

- Me siento fuerte, quiero probarme a mí mismo que esta vez saldré victorioso. Vuelve a mi lado, permaneceremos juntos.

- No merezco tener una familia.

Nos despedimos, Alfredo regresó a la región en la que vivimos. Ahora era hijo de granjero y podía ir a la escuela. Era Maurício, yo siempre iba a visitarlo, no era un médium, no me veía, pero sentía los fluidos del cariño, un agradable bienestar cuando yo estaba cerca de él. Estudió, se graduó y comenzó a ejercer. Se casó y luego pensé en volver.

- Un día tenemos que demostrarnos a nosotros mismos que efectivamente hemos aprendido, que hemos dominado nuestros malos instintos - le dije a mi instructor.

- Quiero ser huérfano, luchar por la vida, aprender a valorar la familia, esta hermosa institución. Reencarnaré entre los colonos de la hacienda de la mujer de Maurício, confío en que él me ayudará.

Recibí las últimas instrucciones de él y le pregunté:

- ¿Ya pagué todos mis errores?

- No debe preocuparse por esto, el que conoce la verdad, el que ama, recibe la oportunidad de reparar sus errores mediante la obra edificante. Siempre tenemos oportunidades de reparar los errores a través del amor, del trabajo, de conocer la verdad y de liberarnos del karma. Hay médiums en la Tierra, cuya mediumnidad es una oportunidad para reparar errores o progresar espiritualmente. Y tantos piensan que solo están haciendo el bien a los demás, olvidándose del enorme bien que se hacen a sí mismos. Sin embargo, como te sucedió a ti y a tantos otros, al desaprovechar la oportunidad, el dolor permanece para quemar el karma negativo. Porque todos vamos a tener que purificar nuestro periespíritu de karma negativo. Purificamos por el amor o por el dolor. Solo, mi querido espíritu, te recuerdo que este amor es el sentimiento puro y no el distorsionado por la mayoría de los hombres. Anda, trabaja, repara los errores, todo buen trabajo lleva al progreso. ¡Buena suerte!

Me abrazó sonriendo. Volví confiado. Reencarné y recibí el nombre de Antônio.

De mis verdaderos padres recordaba poco, vivían en una finca grande, lo único que se me quedó grabado fueron los rasgos de mi madre Teresa, la mulata linda. Mi padre había sido capataz en la finca y mi madre había sido esclava, prácticamente murieron juntos. Huérfanos, yo a los cuatro años y mi hermana Francisca a los dos años, fuimos llevados a la ciudad por la Siñá, la dueña de la finca. Mi corazón estaba latiendo. Asustados, Francisca y yo, tomados de la mano, entramos a la casa enorme, donde los tres niños de la casa vinieron corriendo a vernos. Miré todo con interés, era la primera vez que iba a la ciudad y veía una casa tan grande, me sobresalté cuando escuché:

- ¡Está decidido, vivirán con nosotros y serán nuestros hijos! - dijo Maria das Graças.

- Deben llamarme madre y el Dr. Maurício padre, deben tener respeto y obediencia para con nosotros. Hasta que se acostumbren, dormirán juntos con Ana. Esta es Ana - le mostró a una negra - tu niñera, ella se encargará de todo, cualquier cosa que quieras decirle.

La señora nos llevó a una hermosa habitación con tres camas y se fue, dejándonos con Ana. Francisca, asustada, comenzó a llorar.

- ¡Quiero a mi madre! ¡Quiero ir a casa!

- No llores, pequeña - la consoló Ana –. Su padre murió en un accidente y su madre también murió. Fueron al Cielo y desde allí los protegerán. Tu casa está aquí ahora, me gustaría, tendrás hermosos objetos, ropa nueva, juguetes, te protegeré, te cuidaré.

- ¿Por qué mamá se fue sola con papá? ¿Por qué no me llevó con ella? - Francisca quiso saber.

Contuve las lágrimas, yo también quería a mi madre, sentía que debía ser como un hombrecito, como decía mi padre, y no llorar. Miré a Ana y esperé la respuesta, pero la amable negra no supo cómo responder a la pregunta de Francisca.

- ¿No quieres dulce de coco? También lleva dulce de leche y mermelada de calabaza. ¿No quieres? Vamos, vamos a la despensa y puedes comer lo que quieras. Dulce es casi siempre un santo olvido del dolor de los niños.

Pronto nos acostumbramos a la nueva vida, nos dieron juguetes, ropa, no faltaba nada material. Fue Ana quien nos cuidó. Pronto, Francisca empezó a dormir en el cuarto con Margarita y yo con José Hermídio, con quien me hice muy amigo. De mis verdaderos padres solo supe que mi padre murió en un accidente y mi madre por enfermedad. A mi nueva madre no le gustaba hablar de eso y como éramos pequeños, los recuerdos eran vagos. Como adulto, quería saber sobre ellos y no pude averiguar nada. Maria das Graças había ordenado a todos que no nos dijeran la verdad. Después, agradecida con mis padres adoptivos, recordé a los verdaderos solo en oraciones. Mi nuevo padre, Maurício, en cuanto lo vi, me enamoré de él. Lo admiraba y quería ser como él, médico y buen hombre. Pero trabajaba mucho y nos veía poco. Maria das Graças nos dio todo, por igual para todos, pero el cariño era solo para sus tres hijos, vivía con ellos en brazos, abrazándolos. Nuestra madre fue Ana, ella quien nos dio cariño y amor, siempre estuvo nutriéndonos y mimándonos. Jonas, el hijo mayor, era cínico, mezquino y pendenciero, ordenaba todo y a todos y le gustaba humillarnos.

- He aquí la caridad, el verdadero hijo soy yo, ¡obedéceme!

Francisca era dulce, amable, nunca discutía, hacía todo lo posible para evitar peleas. Tratando de ser como ella, escuché sin nada para responder a muchos insultos y ofensas. Pero cuando golpeaba a Francisca sin razón, avanzaba hacia él y siempre lo golpeaba, aunque era más joven, era más fuerte. Entonces, intervino Maria das Graças. Para ella, Jonas siempre tenía razón y yo era el castigado, frente a su mirada cínica. Ana a veces trataba de defendernos, pero siempre le decían que se callara. Margarita era aburrida, siempre hacía de Francisca su sirvienta, era una llorona y todo tenía que salir como ella quería. José Hermídio era bueno, amigo y siempre peleaba con Jonas.

Tuvimos buenos maestros, me encantaba estudiar y mi mayor y mejor salida fue ir al hospital a ver trabajar a mi papá. Mi sueño era ser médico y quería estudiar medicina, Jonas también. José Hermídio amaba la hacienda y el joven se fue a trabajar al campo. Maurício se alegró de ver a dos hijos que querían ser médicos. Jonas, al estar un año adelantado en sus estudios, fue el primero en ir a estudiar a la capital. Ese año fue de tranquilidad para mí, sin Jonas alrededor. Francisca estaba comprometida con un buen joven, Margarita también estaba saliendo y se casaron juntas en una hermosa fiesta. Me alegré por Francisca, porque Mario, su esposo, era un buen hombre, agricultor, de buena familia y la quería mucho, eran felices.

José Hermídio también se casó y se fue a vivir a la finca, pasando a administrarla.

Me tocó ir a la capital a estudiar. Mi padre nos acompañó.

Me conmovió ver la gran ciudad y quedé encantado con el lugar donde iba a estudiar. Maurício nos dejó instalarnos, Jonas y yo compartiríamos la misma habitación, en una buena pensión. Para mí estudiar era maravilloso y lo hacía con cariño e interés. Jonas se divirtió mucho, siempre tratando con mujeres, pero con compañía y peleas. Mi padre nos envió asignaciones iguales, pero Jonas tomó mi parte.

- No la necesitas, Antônio, siempre estás encerrado aquí estudiando. Ya tienes mucho, mis padres te pagan el estudio, la pensión. Bastardo estudiando medicina es raro de ver. Yo, como hijo legítimo, debería tener más. ¡Tomaré tu parte, sé cómo gastarla!

Desde que era pequeño, escuché que Jonas me llamaba así, bastardo. Evité salir con él, incluso estar cerca de él, pero aquí, compartiendo la misma habitación, no era fácil. No reaccioné, traté de no llamar y si estaba ofendido no lo demostré, hice todo lo posible para no pelear con él. Jonas siempre lograba obtener suficientes calificaciones para aprobar. Muchas veces investigaba, trabajaba, organizaba cuadernos para él, era como su empleado, me encargaba de todo, de su ropa, de su cuarto.

Se graduó y regresó a nuestra ciudad, ese año fue tranquilo para mí, tenía suficiente dinero para mis gastos y gustos. Me gradué y, como en la graduación de Jonas, venían a las fiestas Maurício, Maria das Graças, Francisca, Mario, Margarita y su marido.

Emocionado, fui el mejor alumno de la clase, terminé llorando cuando recibí el diploma.

De vuelta en nuestra ciudad, me enamoré del nuevo hospital. Jonas ya había alienado a su padre y con orgullo comenzó a seleccionar a sus clientes. Empecé a trabajar en el hospital, ayudando a mi padre con sus pobres y me interesé por el sanatorio y sus pacientes. Vi lo dedicado que era mi padre, buen médico y cariñoso con los enfermos. Nuestra sincera amistad salió a la luz. Coincidimos mucho, teníamos el mismo gusto, interés, aprendimos mucho unos de otros.

Me enseñó lo que años de experiencia le habían enseñado y yo había aprendido de los últimos descubrimientos y novedades. Me gustaba mucho la partería.

Ayudar a los niños a venir al mundo me llenaba. En ese momento, casi todos los partos eran realizados por parteras en sus propios hogares. Doctor era para los casos graves y para estos me llamaron y ayudé con mucho ánimo, haciendo que las señoras me buscaran más, queriéndome a su lado en estos momentos en que se volvían madres. Empecé a ganar dinero, aunque con gusto atendía a todas las mujeres, ricas o pobres. En casa con nuestros padres solo éramos Jonas y yo, y ahí nos conocimos, no hablábamos mucho, así que no discutimos más. Jonas siguió coqueteando, festejando, preocupando a mis padres adoptivos y pensando en vernos casados. En esa época conocí a Inês, una chica de familia pobre, su padre trabajaba en un taller de carpintería, tenía dos hermanos carpinteros, ya casados. Inês era bonita, pequeña de estatura, agraciada, con cabello largo castaño claro, grandes ojos verdes, cuando sonreía se le formaban dos hoyuelos profundos en el rostro, trabajaba en la farmacia de la plaza. Empezamos a salir, yo iba siempre que podía a buscarla después del trabajo y la llevaba a casa. Tus padres me querían, eran gente buena, sencilla y educada. Empecé a interesarme mucho por ella, terminé amándola. Cuando me enteré, mi madre tenía ataques de nervios.

- ¡Antônio, acaba ya con esta chica! ¡Cualquier amiguita! Tantas jovencitas de buena familia interesadas en ti, y saliendo con una chica sencilla, sin estudios, sin nombre.

El ambiente en casa no era el mejor, llamaron a mi padre para intervenir, hablamos y él dio su permiso. Esperaba que mi madre aceptara a Inês para marcar nuestro matrimonio. Pasé más tiempo en el hospital y en el sanatorio, evitando los comentarios de mi madre. Habíamos estado saliendo durante once meses. Esa tarde, cuando fui a buscarla a la farmacia, no la encontré y su jefe se me acercó con una sonrisa cínica y me entregó una nota. Le di las gracias y me fui, busqué un banco en el jardín más alejado, me senté a leer. Inês tenía poca educación, su letra era mala, pero su despedida fue perfectamente comprensible.

*"Mi querido Antônio,*

*Me voy con mi verdadero amor. No te enojes conmigo.*

*No te amo, lo amo a él.*

*Adiós,*

*Inés."*

Lo leí y releí muchas veces, luego lo rompí y tiré los pedazos. Las palabras de la nota bailaban en mi mente, mareándome. Decepcionado, humillado, sufrí su abandono. Allí me quedé unos minutos que parecieron horas.

"Un desamor no debe matar a los médicos – pensé -. Creo que es hora de volver al hospital."

Traté de divertirme hablando con los pacientes y pasé mucho tiempo en el hospital, regresando a casa tarde en la noche.

- Pronto se enterarán y espero que mamá no diga que me avisó - dije en voz baja.

Cuando vi luces en casa, conversaciones en la sala, me sentí extraño y me dirigí hacia allá, este hecho no era común, en casa algo debió haber pasado, me preocupé. Mi mamá estaba llorando y papá estaba tratando de calmarla. Me acerqué pensando en ayudarlos.

- ¡Antônio, querido! ¿Sabes lo que hizo Jonás? - preguntó mi madre. Con mi cabeza sacudiendo mi negativo, continuó: ¡Se escapó con tu novia!

Sentí que el piso daba vueltas, así que era Jonas, el amante de Inês, ¡el guapo Jonas, rubio de ojos verdes, mi hermano! Me senté en una silla y mamá continuó:

-¡Falso! ¡Cínico! ¡No le perdonaré! Lo repudio, ya no lo acepto en casa. ¿Qué hay en esa chica? Primero tú, ahora Jonas. Pero si se casa con ella, no quiero verlo más, ¡ni muerto!

No dije nada, no me atreví. Bebí el té que mi padre amablemente me sirvió, luego fui a mi habitación. Pensé en buscarlos e insultarlos, pero medité y comprendí que era mejor no hacer nada.

- Quizás Jonas la ama de verdad, y en la nota Inês dice que sí. Mi hermano sabe conquistar a las mujeres con su forma agradable y cínica.

Terminé durmiendo y me levanté más tarde al día siguiente, decidido a no volver a tocar el tema. Mi madre lo lamentó mucho, terminó en la cama una semana después. El padre de Inês murió de un infarto, seguramente por su disgusto con el procedimiento de su hija.

Para olvidar, comencé a trabajar más duro. Jonas no había enviado noticias, pero Maurício se enteró que estaban en la capital, en el Gran São Paulo. Mi padre hizo todo lo posible para complacerme, parecía disculparse por el comportamiento de su hijo, mi hermano.

Mi madre también se volvió más amable, tratando que yo saliera con una de sus nueras elegidas. No tenía voluntad ni interés en nadie. El tiempo pasó lentamente, luego de dos meses, Jonas apareció en su casa, luciendo humilde y arrepentido. Explicó que abandonó a Inês, que su amor terminó y que vio que ella no era para él. Pidió perdón a sus padres y prometió no volver a lastimarlos. En casa había muchas discusiones. Maurício quería que

Jonas se casara con Inês, él no quería y tampoco mamá, que estaba aterrada ante la idea de casar a su hijo con ella.

- Casarlo con esta ofrecida, sin moral, que se escapa, ¡nunca!

Jonás regresó a casa. No hablamos, evité encontrarme con él, estaba herido, pero no estaba enojado con él. Sentí pena por Inês, su aventura había terminado mal, supe que había regresado a la casa de su madre.

Aprovechando que Jonas era obediente, mamá pensó que era mejor casarlo pronto. Eligiendo una chica de familia.

Es importante destacar que Jonas se comprometió y programaron la boda pronto.

- El matrimonio traerá responsabilidades. Jonas será un buen marido - dijo Maria das Graças.

No vi a Inês, pero uno y otro siempre comentaban sobre el tema y supe que ella y su madre, para sobrevivir, hacían dulces para vender. Sin el salario de su esposo, el dinero era poco, incluso tuvo que mudarse a una casa mucho más sencilla e Inês estaba embarazada.

Con una hermosa fiesta, Jonas se casó y mis padres esperaban que realmente asumiera la responsabilidad. Yo era el único que quedaba en casa y soltero, aunque los sobrinos, que ya eran muchos, siempre estaban en casa muy alborotados.

Un día, al salir del hospital, me encontré con doña Efigênia, la madre de Inês, que vino a mi encuentro angustiada.

- ¡Doctor Antônio, por favor! Inês está mal, el bebé no nace, la matrona no sabe qué más hacer. Ella no quiere venir al hospital. Por favor, hijo, no te niegues a verla. Temo que se muera.

Dudé, habían pasado nueve meses desde que se había escapado, nueve meses desde que la había visto. Me resistí, pensé en preguntarle a mi padre, pero doña Efigênia rogó, sus ojos llorosos me miraron pidiendo compasión, confiaba en mí, no podía negarlo y la acompañé. Su casa, lejos del centro, en un pueblo, tenía dos cuartos, todo muy pobre, pero limpio. Cuando vi a Inês, sentí dolor por dentro, sentí que mi corazón latía rápido, estaba en una cama pequeña, pálida, con ojeras, inmediatamente me di cuenta que estaba débil, desnutrida y que estaba sufriendo mucho. Cuando me vio, logró esbozar una sonrisa.

- ¡Antônio ayúdame! Eres como tu padre, bueno...

Me entristeció verla en ese estado, me di cuenta que no la había olvidado, la amaba mucho y fui a examinarla, haría todo por ayudarla. Su parto no fue fácil, pero sin mayores problemas nació un niño pequeño y débil.

- Se llamará Juvenal, como mi padre. Me dieron las gracias Inês, ahora más refrescada, me miró sonriendo.

- Gracias, Antônio, eres un santo. Lamento molestarte, pero solo pensaba en ti, sabía que me ayudarías.

Vi que el niño ni siquiera tenía ajuar y hasta debía faltarle la comida. Cuando me fui, le di dinero a doña Efigênia, que no quiso aceptarlo.

- Es para mi sobrino. Acepta, Doña Efigênia, cómprale ropa y comida a Inês.

- ¡Pero es demasiado! ¡Por Dios, qué bueno que eres!

Me acompañaba el recuerdo de Inês sufriendo, queriendo verlos volví a visitarlos. Al ser bien recibido, comencé a ir a verlos todo el tiempo, ayudándolos con los gastos. Fui padrino de Juvenal, que era fuerte y muy guapo, muy parecido a mi padre. El chico era pelirrojo, labios grandes, sonrisa abierta, ojos verdes y yo le gustaba mucho. Empecé a salir con Inês de nuevo. Pensé bien, cómo lo pensé. Inês ya me había abandonado una vez. Parecía cambiada, sufría mucho y decía que me amaba, era una madre cariñosa y dedicada. No fue fácil, me golpeó moralmente su fuga, pero la amaba y decidí olvidarme de todo y hacer lo que mi corazón quería, quedarme con ella. Hablé con mi padre, me escuchó pacientemente.

- ¿Es esto lo que quieres hijo? ¡Cásate con ella!

- ¡No pienso casarme! Voy a vivir con ella, si funciona, en el futuro, por si acaso.

Mi padre habló con mi madre que, como era de esperar, armó un escándalo, gritó y amenazó. Salí de la casa triste, pero resuelto. No volví a su casa por años, pero mamá terminó perdonándome, pero nunca aceptó a Inês. Compré una linda casa y nos fuimos a vivir los cuatro, doña Efigênia, Juvenal, Inês y yo. Las miradas burlonas, los susurros, lo soporté, era el hombre abandonado que aceptaba a su ex novia con el hijo del otro.

Pasó el tiempo y los chismes también. Nos llevamos muy bien y nacieron hijos, Teresa, José Maurício y Ana. Para mí, los cuatro eran míos, amaba a Juvenal como a los demás y él todavía era muy parecido a mi padre, nunca marqué la diferencia y él me amaba mucho, todos eran iguales para mí. Raramente hablé con Jonas y él nunca quiso saber sobre su hijo. Nuestra pequeña tenía un año cuando noté que Inês estaba diferente.

- Tal vez – pensé - quiere casarse. Mi padre debe tener razón, tenemos hijos, debo casarme, pero, no sé...

Ana tenía diecisiete meses cuando doña Efigênia me mandó a buscar al hospital. Vine afligido, pronosticando un mal acontecimiento.

- Antônio, Inês desapareció, la he estado buscando por todos lados - dijo mi suegra angustiada al verme.

- ¡¿Desapareció?! ¿Cómo? Dígame todo Doña Efigênia, no oculte nada.

- Cuando la llamé para el almuerzo, no pude encontrarla. Ella desapareció y con ella sus maletas y su mejor ropa. Doña Manuela, nuestra vecina, dijo que...

- ¡Qué dijo! ¿Qué vio doña Manuela?

- Que se fue, que tomó un carruaje en la esquina.

Que la estaba esperando un hombre que parecía ser el Dr. Jonas.

Mi suegra se echó a llorar, los niños llegaron corriendo. Sentí como si el mundo se me derrumbara sobre la cabeza.

- Papá, ¿es cierto que mamá se fue?

- Sí.

Yo estaba como anestesiado, el cariño paternal me llamaba a la razón. Calmé a mis hijos y volví al trabajo.

Dos días después, Doña Efigênia encontró una nota de Inês.

- Debe haberse caído al piso, lo encontré cuando fui a limpiar la habitación.

Me lo dio, abrí la nota y leí:

- *"Mami,*

*Me voy con Jonas.*

*Cuida de Antônio y de los niños por mí.*

*Bendíceme,*

*Inês."*

Nuevamente las palabras de la nota danzaron ante mis ojos.

- ¡Doña Efigênia, Inês se fue con Jonas! ¡Pero lo vi hoy en el hospital!

- ¡Pobre hija! Creo, Antônio, que él la tomó por amante, no abandonó a su mujer.

Traté de calmarme, incluso pensé en buscar a Jonas, quería matarlo. ¡No, no un asesinato! Tuve la urgencia de curar a la gente y no de matarlos. Ella tenía hijos que criar y él también. Y había tomado a Inês como amante, ella también había sido mía. Aunque fue tomada y tratada como esposa. Entre Jonas y yo estaban mis padres adoptivos que eran suyos, los verdaderos.

- ¡No! No debo hablar con él, ella se escapó porque quería. Soy padre y sé lo que es criar hijos. Maria das Graças y Maurício me criaron, debo estar agradecido con ellos, si estudié, les debo. Lo que hago es fingir que no sé nada. Después, recordé un texto que había leído tiempo atrás: No debemos usar el poder de la palabra para hacer el mal, para causar malentendidos. El poder vibratorio del lenguaje puede usarse sabiamente para liberar nuestras vidas de dificultades.

Hablé con doña Efigênia y quemamos la nota. Los comentarios eran muchos, aunque mis hijos eran pequeños los escuchaban. Doña Efigênia y yo los consolamos diciendo que Inês se había ido y que se olvidaran de ella y que siempre se quedarían conmigo y con su abuela.

Nuevamente soporté las risas irónicas, los susurros y las miradas burlonas.

Traté de ser firme y fingir que no me había dado cuenta para poder seguir trabajando. Mi padre estaba preocupado por mí, pero no quería sacar el tema, no quería que supiera la verdad, no quería que sufriera. Pasaron los días. Estaba en el hospital y me llamaron de urgencia para ir a casa de mis padres. Temiendo que uno de los dos estuviera enfermo, corrí. Mis padres estaban en la sala y mi madre al verme dijo entre lágrimas:

- ¡Antônio, hijo mío, no mates a tu hermano! - Maria das Graças me miraba con ansiedad, encontré su mirada, tenía razón, Inês no era digna. Continuó hablando en voz baja.

- Jonas se escapó con Inês, o mejor dicho, se la llevó de su casa.

- Yo sé eso. Cuando Inês se fue, dejó una nota contando este detalle.

- Lo sabías - mi padre se asustó - ¡y no dijiste nada!

- No quise molestarlos. No te preocupes mamá, no me convertiré en un asesino, no se merecen tanto. En la mente de la mayoría, deberías matarlos por honor. Sin embargo, el honor para mí es otra cosa. El honor es respetar a todos, ser honesto y trabajador. No avergonzaré más la vida de mis hijos, ni dejaré a los hijos de Jonás sin padre. Es un sinvergüenza, pero Inês es peor. No haré nada, no podría causarles pena, les agradezco que me hayan criado y no voy a matar a uno de sus hijos. Pero, ¿cómo supieron de esto?

- Gracias, Antônio - dijo mamá -. Fue Letícia quien nos lo dijo. Descubrió a Jonas con Inês en la casa de campo, la casa que compró recientemente. Jonas volvió a casa con Letícia y ella lo perdonó. Solo nosotros sabemos y debemos hacer todo lo posible para sofocar el escándalo. Nos quedamos en silencio, pensé en Inês, criatura imprudente, una vez más construyó su casa sobre la arena.

Pero, no quería pensar en ella. Esta vez, dejó mi vida para siempre.

- Quiero que sepas, Antônio - dijo mi padre - que condenamos el comportamiento de Jonas. Me peleé con él y no quiero verlo más. No sufres solo. El hombre honesto, de conciencia limpia y honor, sufre sin mancharse, el que yerra, sufrirá más. Si él sufre por la traición de su compañero, yo sufro por la traición de un hijo.

Me abrazó, lloramos juntos. Me prometí que serían las últimas lágrimas de Inês. Aliviada, mi madre adoptiva, por primera vez, me abrazó y me besó.

- ¡Te bendigo hijo, serás feliz!

Más aliviado volví a casa, me sentía fuerte para enfrentar la situación. Con valor soporté las malas lenguas, no les hice caso, hablaban de todo y de todos, de mí, de Jonas, de Inês, fueron comentarios durante meses. Pero, con el tiempo, todo pasa. Viejo tema perdió interés por los nuevos. Los niños ya no preguntaban por su madre. Decidí quedarme en la misma casa con ellos y doña Efigênia, que se convirtió en su madre y abuela. Doña Efigênia era muy buena, trabajadora, paciente, mis hijos la amaban y yo también la amaba como si fuera mi madre. Ella estaba muy agradecida conmigo, nunca le faltó nada, pues también ayudó a sus otros hijos, los hermanos de Inês, incluso después de su fuga, que eran buenas personas y agradecidas. Todo volvió a la normalidad, pasé todo mi tiempo disponible con mis hijos que crecían fuertes y hermosos. Maurício siempre iba a verlos y, después que Inês se escapó, mi mamá también empezó a verlos y les pidió que los llevaran a su casa. Pero no les gustó mucho, prefiriendo estar siempre con su abuela Efigênia.

Pocas veces me encontré a Jonas, que parecía huir de mí, cuando nos encontrábamos, nos saludábamos con frialdad. Cada vez amaba más mi trabajo, aunque mi sueño era investigar, trabajar con otros estudiosos, descubrir curas para muchas enfermedades

# Venciéndome a mí mismo

Pasaron cuatro años, rara vez me acordaba de Inês. Hasta que un día, al regresar a casa al anochecer, doña Efigênia me esperaba en la puerta. Cuando la vi, me di cuenta que estaba angustiada y de inmediato me dijo:

- Antônio... Escuché que Inês está mal, enferma, abandonada, una muerta viviente de la que hay que compadecerse. Piedad, Antônio, reconozco los errores de mi hija, pero ella es la madre de tus hijos. ¿No puedes ayudarla?

- Madre de mis hijos eres tú. Doña Efigênia, usted es libre, yo nunca le impedí ayudar a Inês, ayúdela como quiera, ni siquiera tiene que decírmelo. Pero déjame fuera, para mí Inês murió el día que se escapó.

Doña Efigênia me miró con tristeza y comenzó a llorar, secándose las lágrimas en su delantal. Me conmovió, no me gustaba ver sufrir a nadie.

- Por favor, Doña Efigênia, no llore. ¿Puede ser tan grave? ¿Sabes dónde esta ella?

- En el cuarto del patio trasero - respondió angustiada, asintiendo y continuó a toda prisa:

- Llegó aquí ardiendo de fiebre, solo con la ropa puesta, no dejé que nadie la viera. Perdóname, no pude espantarla.

- Bueno... Está bien, no llores.

- ¿La verás? ¿La ayudarás?

- Voy. Vamos a verla.

Atravesamos la casa, salimos al patio. Mi corazón se aceleró, los recuerdos vinieron como una película a mi mente, me sentí enojado por las muchas humillaciones y sufrimientos que Inês me causó. Acompañé a mi suegra que abrió la puerta de nuestro cuarto en el patio trasero y me encontré cara a cara con una Inês desconocida, postrada en la cama.

Ella no era más que linda, delgada, pálida, sin aliento, respirando con dificultad, no se percató de nuestra presencia.

- Tiene razón, Doña Efigênia, Inês no está bien. Toma mi maleta y mi caja de medicinas. Doña Efigênia salió rápidamente y la examiné, no tardé en confirmar que la tuberculosis en estado avanzado le quitaría la vida física en poco tiempo. La tuberculosis era mortal en esa época y todos temían su contagio.

Le di medicina para aliviar el dolor y bajar la fiebre. Inês habló en voz baja, dijo mi nombre con delirio, llamó a su madre ya sus hijos. Doña Efigênia me miraba nerviosa, retorciéndose el delantal con manos temblorosas, suplicando clemencia para su hija con sus ojos asustados y tristes. Mi suegra tenía razón, no podía dejarla morir abandonada.

- Doña Efigênia, Inês se siente mal. Tiene tuberculosis en estado avanzado, no sé cómo logró llegar hasta aquí. No podemos tenerla aquí en casa, el contagio, los niños. La llevaré al hospital de la ciudad vecina, donde están bien aislados. Yo pagaré todos los gastos, tu hija no morirá abandonada.

- Gracias, hijo mío.

- Ayúdame, acomodémosla en el carruaje, la acostaremos en el banco. Me iré justo después de comer. Al salir, quema esta cama y el colchón. Nadie debe saber que Inês estaba aquí, el chisme volvería a empezar y perjudicaría a los niños. No estaba dispuesto a que me criticaran de nuevo, ayudando a los que tanto me habían traicionado. No es fácil que se burlen de ti y prefiero mantenerlo en secreto. La distancia entre las dos ciudades no era mucha, yo iba despacio. Inês deliraba diciendo nuestros nombres, pidiéndome ayuda. Sentí pena por ella, pero ya no la amaba.

En el hospital ayudé a medicarla y acomodarla, luego regresé a casa. Llegué cuando ya amanecía, me duché y me fui a trabajar. Mi padre, que me conocía bien, notó que yo era diferente y terminé hablándole de Inês.

- ¡Hijo, estoy orgulloso de ti! En esta vida es mil veces preferible perdonar que hacer algo que nos lleve a pedir perdón. Hagan todo por esta niña y que Dios la ayude, debe estar sufriendo mucho.

Dos semanas después, doña Efigênia y yo fuimos a visitarla, dejando a los niños con la criada, quien les dijo que íbamos a visitar a una tía enferma.

Aparentemente, Inês se veía mejor. No tenía fiebre, y las medicinas y la buena comida la hacían lucir mejor. Sonrió cuando nos vio.

- ¡Mami! ¡Antônio! ¡Qué alegría verlos! Sabía que solo tú me ayudarías, aunque no lo merecía. ¿Cómo están los niños?

Doña Efigênia habló largamente de ellos, Inês escuchaba encantada.

- ¿Podré verlos? - Preguntó, mirándome.

- No lo creo, Inés. Sufrimos mucho cuando te fuiste. Les dijimos que viajaste. Los comentarios maliciosos fueron muchos, inquietándolos. Ahora todo ha vuelto a la normalidad, se olvidaron. Si la vuelven a ver, volverán a sufrir.

- Ya veo, tienes razón. Ya he causado mucho sufrimiento. Por favor, cuéntales cuando muera que dejé este mundo pensando en ellos y que los amaba mucho. ¿Lo dirás?

- Sí, diré que los amabas. Yo nunca, Inês, les hablé mal de ti, nunca les guardé rencores. Nuestros hijos están felices.

- Creo que al tenerte como padre y madre para cuidarlos, solo pueden ser felices. ¡Antônio, perdóname! Por favor, no me niegues tu perdón. Dudé en buscarte, pero sin dinero, sin hogar, sin techo, hambrienta, frío y enferma, solo pensé en ti. Regresé para darles trabajo.

- ¡Te perdoné hace mucho tiempo!

Mirando morir a Inês, entendí que la había perdonado desde el fondo de mi corazón, no tenía rencores contra ella, ni contra Jonas. Inês lloró y narró su historia con dificultad.

- Antônio, eres bueno, siempre te he amado. Me enteré demasiado tarde... Soy culpable, muy culpable, pero Jonas lo era más. Me acosó y luego me abandonó. Cuando me dejó la primera vez, fue gracias a mi hijo que llevaba en mi vientre que tuve fuerzas para seguir viviendo. Sentí odio cuando se casó. Mamá me ayudó y vino Juvenal, luego tú, yo estaba feliz... Una vez más Jonas empezó a molestarme, empezó a mandarme notas, cartas apasionadas, regalos, traté de resistir, pero... la pasión me dominaba. Jonas me reconquistó diciendo que no estaba contento con su esposa y que me amaba. Nos encontramos y planeamos huir y me fui con él a su casa de campo.

Inês dejó de jadear, su madre le dio agua. Se secó las mejillas pálidas y demacradas, iba a continuar.

- Basta Inês, no necesitamos saber nada más. No estamos aquí para condenarte, lo entendemos - le dije.

- Por favor, no te niegues a escucharme. Lástima, escúchame. Necesito decir todo - Nos sentamos a su lado y la escuchamos con emoción.

- Viví como reina por un corto tiempo. Hasta que Leticia nos sorprendió juntos. Observé, asombrado, al sinvergüenza por el que cambié mi casa y mis hijos, defenderse acusándome. Gritando, dijo que yo era la que lo molestaba y lo perseguía, que yo no era nada para él, que amaba a Leticia y me sacó de la casa, como se hace con un perro al que molestan. Tomé algo de ropa y salí llorando, llegué a esta ciudad, luego de aquí a otra más lejana. Quería distanciarme de todos y de todo lo que conocía. Empecé a darme cuenta de mi error... Mi dinero era poco, se acabó pronto, no era fácil encontrar trabajo, lo intenté... Terminé prostituyéndome... Sufrí mucho... Los remordimientos dolían , me duele, la vergüenza... te extrañaba... Hace dos años tuve un hijo sin padre, se lo di a una familia para que lo criara. Me enfermé, me echaron de la prostitución, me abandonaron no quería morirme sin tu perdón...

- ¡Ay, hija! No te apresures así, te perdonamos.

Inês jadeaba por el esfuerzo, pero tranquila. Hablar de todo le hizo bien, su madre le dio un beso en la frente y yo le tendí la mano.

- Antônio, los remordimientos me corroen más que la enfermedad.
Gracias por perdonarme.

- Es más fácil perdonar que pedir perdón - dije, recordando las palabras de Maurício.

- Gracias, que Dios te ilumine y te bendiga.

La visita ya había sido larga, nos despedimos y volvimos a casa, pensativos y tristes. Inês cometió muchos errores, pagó caro su error, sentí mucha pena por ella.

- Antônio - dijo doña Efigênia -. Tú me gustas más que mis hijos. Nunca le debí tanta gratitud a una persona como a ti. Gracias. ¡Eres realmente como tu padre!

Ser comparado con mi padre siempre me llenó de orgullo.

- No me agradezcas, si yo soy bueno tú lo eres más. Tú no me debes nada, yo te debo a ti. ¿Qué sería de mí y de los niños sin ti?

- Soy su abuela y los amo.

- Olvidémonos de esto. Ni uno ni el otro debe nada. Los compañeros vamos juntos ayudándonos, somos amigos.

La visitamos dos veces más. Inês empeoraba, sonreía al vernos, hablaba poco, pero estaba tranquila y resignada. Cuarenta y cinco días después de estar hospitalizada, vinieron a darnos la noticia que había muerto. Yo fui el único que fue a verla, Doña Efigênia prefirió no ir. Fue un entierro sencillo, solo el sepulturero y yo. En casa, reuní a los niños y les di la noticia de una manera sencilla.

- Hoy me enteré que Inês, su madre, murió.
Oremos por ella, que nos amó a todos.

Rezamos, nadie preguntó nada ni quiso saber más detalles. Además de doña Efigênia, solo Maurício supo lo que pasó. Pagué todo el tratamiento, el entierro, pero ¿y el hijo que tenía? Me preocupé, era el hermano de mis hijos, el nieto de doña Efigênia. Decidí buscarlo, si no estaba bien lo traería y lo criaría como mío.

Con una licencia de seis días, tomé un descanso del trabajo y viajé a la ciudad mencionada por Inês. No fue difícil saber de él. Busqué información en el semáforo rojo y encontré a Antônio, como se llamaba su hijo, feliz, adoptado por una buena familia sin hijos. Volví y tranquilicé a mi suegra y guardamos el secreto.

Vino a trabajar con nosotros en el hospital un médico recién graduado, Lauro, que era bueno y caritativo, se interesó por el trabajo de mi padre y empezó a ayudarnos, a tratar a los pobres con dedicación. Estaba practicando cuando me llegó la noticia de la muerte de Maurício.

- Dr. Antônio, su padre falleció. Murió de repente!

Fue una gran pérdida para mí, de padre, amigo, compañero y hermano. Lloré, sabía que lo extrañaría mucho. La ciudad se lamentó, los pobres lloraron. En el funeral sentí que su obra me pertenecía. Lauro tomó la parte de nosotros y la mía de Maurício en el hospital, yo seguí como obstetra y reemplacé a mi padre en el sanatorio. El sanatorio siguió como de costumbre, traté con dedicación y cariño de atender a todos como siempre lo hacía mi padre.

Un brote de fiebre tifoidea asustó a la ciudad. Aparecieron muchos enfermos exigiendo cuidados y mucho trabajo. Por miedo al contagio, algunos médicos huyeron, se fueron de vacaciones, viajaron. Lauro y yo hicimos todo lo posible para servir a nuestros clientes pobres y desnutridos que fueron los más afectados. Trabajé toda la noche, hacía dieciséis horas que no descansaba, cuando sentí escalofríos y dolores en todo el cuerpo, noté que tenía fiebre. Lauro me miró.

- Antônio, contrajo la enfermedad, acuéstate ahora y descansa.

No tuve la fuerza para contradecirlo, me quedé dormido justo después de acostarme. Me sentí envuelto por una nube blanca y vi a mi padre medicándome. Días que luché con la enfermedad que era yo abandonando. Pronto, me sentí curado. Lauro me dijo, sonriendo:

- ¡Salve, Antônio! Estás curado, reaccionaste como nadie a la medicación, ahora solo un poco más de descanso en casa.

- ¿Qué pasa con el sanatorio? ¿Mis pacientes?

- Los enfermos aquí, me di cuenta, ¡solo Dios sabe cómo! No tuve tiempo de ir al sanatorio, pero los empleados vienen a verte y traer noticias, todo está bien allí. Antônio, en sus delirios de fiebre, hablabas con el Dr. Maurício, parecía que nuestro benefactor andaba por aquí cuidándote. Si esto es posible, a él debe tu rápida mejoría.

- Yo creo que el que estuvo bien aquí debería seguir del otro lado. A él, entonces, mi agradecimiento y a ti también, mi querido Dr. Lauro -. Después de desencarnar, supe que Maurício me cuidaba con cariño y dedicación.

Volví a casa. Dos días después, sintiéndome bien, fui al sanatorio y allí todo estaba muy bien. Escuché que mi madre le pidió a Jonas que tomara mi lugar mientras estaba enfermo, él se negó. Después de una semana de descanso, volví al trabajo. De la fiebre tifoidea solo quedaron recuerdos y mi cabello se tornó gris.

Era un soltero elegible, las canas me daban mucho encanto y estaba bien económicamente, aunque no era rico. Mi madre siempre decía que debía casarme, darles una buena madre a mis hijos, que estaba muy sola, etc. No me entusiasmó mucho la idea, aunque pensé que tenía razón y poco a poco lo pensé.

Conocí a Cleonice en el hospital, era enfermera, bonita, sencilla, educada, sonriente y parecía querer mucho a los niños. Estaba encantada cuando la invité a dar un paseo.

Era mucho más joven que yo e hizo todo lo posible para complacerme. Después de salir un par de veces, empezamos a enamorar. La llevé a casa e hice todo lo posible para ganarme a mis hijos, pero ellos la miraban con recelo. Juvenal dijo:

- Papá, si te casas, déjanos con la abuela.

- No tengo intención de separarlos.

Mi suegra no dijo nada, pero sentí su aprensión, temiendo que la separara de sus nietos. Encontré una solución que satisfizo a todos. Compré la casa contigua a la nuestra y la construí al gusto de Cleonice. Iba a casarme, a vivir allá, dejando a los niños con doña Efigênia. Nos mantendríamos cerca y separados, todos aprobaron la idea. No amaba a Cleonice, pero me parecía la novia ideal, dulce, cariñosa, estaba de acuerdo con todo, decía que me amaba. Prometió no interferir en la vida de mis hijos. En una ceremonia sencilla, nos casamos. Me sentí feliz, pensando que había reiniciado mi vida. Pero Cleonice pronto empezó a cambiar, empezó a exigir, a veces quería muebles, a veces ropa y joyas. Después de dos meses de matrimonio, quedó embarazada, lo que empeoró la situación, olvidó la promesa que me hizo y comenzó a burlarse de doña Efigênia y de los niños. Era llegar a casa para que empezaran las quejas.

- Antônio, tus hijos no son las bellezas que crees, son maleducados, hoy se rieron de mí, me odian. ¡Todo es culpa de la bruja de doña Efigênia, vive como una reina y no es tuya! ¡Incluso tiene una criada! Es necesario dar una mejor educación a estos niños. ¿Por qué apoyar a Juvenal? ¿Que no es tuyo?

- ¡Suficiente! Cleonice, prometiste no interferir en la vida de mi familia. Juvenal es mi hijo, lo quiero como a los demás. No hables más así, no me gusta.

- ¡No te preocupas por mí! Soy tu esposa, madre de tu hijo legítimo.

- ¡Los otros son mis hijos!

El caso es que Cleonice ocultó lo que realmente era bien, mostró ahora, tras casarse, su carácter agresivo y egoísta. Se acabó mi tranquilidad, los niños no se quejaron y ni siquiera vinieron a mi casa, estaban preocupados y tristes. La madre de Cleonice y mis nuevos cuñados comenzaron a venir a mi casa, comiendo, exigiendo regalos y dinero.

Siempre ayudaba a los hermanos de Inês, lo cual hacía espontáneamente. Eran pobres, trabajadores, nunca pedían nada, me gustaban y con mucho gusto los ayudaba. No simpatizaba con los nuevos parientes que, sin ceremonias, pedían cosas y, si no lo hacían, Cleonice se hacía la víctima y escuchaba las mismas habladurías. Triste, arrepentido de haberme casado, sorteó la situación para no tener un malentendido mayor. En el segundo mes de embarazo examiné a Cleonice y descubrí que tenía una lesión cardíaca grave, que empeoraría con el embarazo y si tuviera el hijo estaría arriesgando su vida. Reuní a los médicos en el hospital y confirmaron mi diagnóstico. Algunos me aconsejaron que recurriera al aborto. Yo estaba y estoy en contra del aborto, seguí el consejo de Lauro, de dejarla elegir. Llamé a sus padres a mi casa y con Cleonice les expliqué todo.

- ¿Puedo pensar, Antônio?

- Claro cariño, piénsalo y esta semana dame la respuesta. Tres días después, Cleonice me dijo:

- ¡Quiero tener este hijo! Soy joven, tengo dieciocho años, no me arriesgo, creo que todo saldrá bien.

Se volvió más exigente, hizo todo lo posible para no contradecirla. Pensé que sería mejor cambiarla y separarla de los niños. Compré una bonita casa grande, recién construida que costó todos mis ahorros. Cleonice estaba encantada y pensó que me cambiaría rápidamente. Ya estaba en el sexto mes de embarazo y nos íbamos a mudar en tres días. Contraté sirvientes y la madre de mi mujer se encargó de todo porque le había recomendado a Cleonice reposo absoluto.

Estaba en el sanatorio y me llamaron de urgencia al hospital, donde llevaron a Cleonice a una panadería después de sentirse mal. Lauro y otros médicos lucharon por salvarla.

Se había puesto de parto con fuertes contracciones, el corazón débil, fallando mucho. Fue una lucha desigual, horas después ella y el niño fallecieron.

- ¿De qué nos sirve la medicina? - Me quejé con Lauro.

- ¿Cuánto valía mi habilidad como obstetra? No pude salvar a Cleonice ni a mi hijo.

- No pudimos, amigo, luchamos juntos.

- ¿Por qué no la examiné antes de casarme?

- ¡Se veía tan saludable! No lo habría adivinado, entonces no es bueno examinar candidatas a esposa. Ánimo amigo, recuerda que nosotros también moriremos.

Después del entierro, regresé a casa triste, me encerré en mi cuarto y me puse a pensar.

No amaba a Cleonice, nuestro matrimonio fue un error, pero sentí su muerte y la del niño.

- ¿Por qué, Dios mío, morir por tan poco? ¿Será que a través de los estudios no se pueden obtener medios para curar tantas enfermedades? Cómo me gustaría estudiar, investigar, ayudar y descubrir formas de combatirlas y vencerlas. Enfermedades, los virus, son parte de la naturaleza y ahí es donde deben estar los medios para combatirlos. ¡Qué lindo sería que pudieras estudiar!

Durante dos días me quedé en casa, desanimado, pensando que nada más valía la pena.

- Doña Efigênia, creo que soy un inútil. ¿De qué sirve luchar con el poco conocimiento que tengo? Estoy pensando en no ejercer más, voy a cambiar de profesión.

- Hijo, no te desanimes. Dios es más grande que cualquier cosa y Él sabe por qué tantas enfermedades incurables. No debes sentirte culpable, has sanado y ayudado a tanta gente.

Por la tarde recibí la visita de mi madre. Ella me miró seriamente.

- Antônio, ¿por qué saliste del sanatorio? Tu sufrimiento no ahoga el sufrimiento que tienes allí. ¿Para qué te formaste?

Ciertamente no fue para acobardarse ante un caso perdido. Tu esposa murió, pero no la haremos santa ahora. ¡Era una plaga! Prohibido salir, ¿qué hizo ella? Caminó todo el día, comprando, comprando... ¿Sabías que debería haber descansado y no lo hizo. Escuché de su propia madre, en el funeral, que ella no había creído en la gravedad del problema, pensaban que quería que abortara para abandonarla, o que descansara para que ella pudiera quedarse en casa. Como puedes ver, no es tu culpa.

- ¡Pensé que aceptaba los riesgos por amor a tu hijo!

- Bueno, pronto ves que no sabes elegir esposa. Si piensas volver a casarte, háblame y elegiré a una buena persona. Entonces, pobre doña Efigênia, sufría mucho con sus insultos, siempre estaba gritando a los niños. ¡Lo vi! ¡Antônio, quiero, exijo, que vayas inmediatamente al sanatorio! Tu presencia es indispensable, las enfermeras no saben qué hacer con los nuevos pacientes que ingresaron ayer. Hijo, ¿crees que tu padre aprueba tu conducta? Te vas del sanatorio que tanto amaba. Cámbiate de ropa, te acompaño allí.

Salió de la habitación y la escuché hablando en la sala con los niños. Después de la muerte de mi padre, mi madre empezó a visitar mi casa y se enamoró de Juvenal, que ya era joven y muy parecido a Maurício.

- ¡Pues! Pobre doña Efigênia, nunca se quejó. ¡Nuevos pacientes! ¿Quiénes serán? ¡Gente pobre!

Rápidamente me cambié de ropa, me despedí de los niños y acompañé a mi madre. El sanatorio estaba cerca de mi casa, caminábamos en silencio, uno al lado del otro. Cuando llegamos, ella tomó mi mano.

- Lo siento, entiendo cómo te sientes. ¡Eres un excelente médico, has hecho mucho y puedes hacer! No puedo ver el sanatorio abandonado. ¡Maurício lo amaba tanto! Solo puedo contar contigo.

- Mamá, lo que dijiste me llamó la realidad. Yo también amo todo esto y no me rendiré. Sé poco, pero en este poco quiero ser útil.

Vuelvo a mis pacientes. El trabajo de papá, mientras viva, continuará.

- Gracias mi hijo.

Emocionado, volví al trabajo. El matrimonio no me trajo la felicidad. Los parientes de Cleonice se llevaron todo de nuestra casa y todavía querían la nueva casa. Francamente, dije que no recibirían nada de mí, que no volvieran a mi casa. Y comencé a evitarlos. Volví a vivir con mis hijos.

- Quiero comunicarte y prometerte que nunca más me volveré a casar.

- ¡Viva!

- ¡Todo volverá a ser como antes!

- ¡Qué felicidad!

Mis hijos estaban encantados y yo también, mi familia eran ellos, yo no quería otra. La promesa fue de corazón, matrimonio, nunca más. Todo estaba en paz en mi hogar, mis hijos crecieron fuertes, sanos y obedientes. Doña Efigênia era como mi madre, comida caliente cada vez que llegaba a casa, ropa limpia, todo como a ella le gustaba, se ocupaba de todo en la casa directamente de los gastos.

Le di dinero y ella se encargó de todo con gran habilidad y cariño.

Él también tenía en mí un hijo reconocido, éramos grandes amigos. Salía poco, era del trabajo a la casa. A veces iba a fiestas familiares o a la iglesia.

Realmente ya no se me pasaba por la cabeza casarme, amores, solo pasajeros, nada serio, sin ningún compromiso.

El nuevo sanatorio quedó listo después de años de construcción. No lleva el nombre de mi padre como habían prometido, sino de un político que donó fondos para terminarlo, toda la familia lo sintió. También se le otorgó el cargo de director a un médico de la capital designado por este político. Mi madre estaba enojada, yo estaba triste. Hicimos la mudanza, los pacientes fueron llevados al nuevo edificio, que era hermoso, espacioso y cómodo. Me invitaron a trabajar allí con un buen salario.

- No te vayas, hijo mío, todo esto es una ofensa para nosotros - dijo Maria das Graças.

Sonreí y no dije nada, preferí pensar: "¿Para qué sirven los puestos? ¿Qué importa ser importante para el mundo? Todos mueren y, por otro lado, ¿qué nos valdría todo esto?."

Amaba a los enfermos y con nosotros estaban enfermos por años de contacto. Algunos de ellos lloraban de miedo, no queriendo salir de aquella casa amada, donde durante años había sido bálsamo para tantos desdichados.

- ¡Doctor Antônio! ¡Doctor Antônio! - era Sebastiana, una retrasada mental, que llevaba tres años con nosotros, abandonada por su familia, que me había tirado del brazo -. ¿Vienes? ¿Ven con nosotros? Si no, yo también me quedaré. Estaré con el doctor donde sea que te quedes. ¿Vienes?

- Lo haré, hija mía, lo haré.

Encontré la respuesta en la mirada temerosa de Sebastiana y acepté el trabajo ofrecido.

La mansión fue demolida y rodeada, después de la muerte de Maria das Graças, mis hermanos herederos la vendieron y se construyó una gran tienda.

El director del sanatorio ni siquiera se movía a nuestra ciudad, venía dos veces al mes y se ocupaba de la parte burocrática y los pacientes quedaban bajo mi responsabilidad. Los enfermos aumentaron y también el trabajo.

Una tarde, un grupo de jóvenes fue a visitar a un amigo al sanatorio y estaba con ellos Jenifer, la hija mayor de Jonas. Jonas tenía tres hijas y un hijo, todavía era un libertino, un juerguista, sin preocuparse mucho por su profesión. Jenifer tenía casi la edad de mi Juvenal, miraba todo encantada. Los niños que estaban viendo un sanatorio por primera vez se interesaron por todo, les mostré todas las oficinas, informándoles lo que pedían.

- Tío Antônio, cuéntanos sobre el abuelo, lo recuerdo mucho, preguntó Jenifer.

- El Dr. Maurício fue el mejor médico que conocí, fundador del primer hospital, primer sanatorio de la región. Le encantaron sus enfermos y los sanó con sabiduría.

La clase se separó felizmente. Después de ese día, Jenifer empezó a ir al sanatorio y a hablar conmigo, empezó a ir a mi casa, a veces queriendo saber de un tema, a veces de su amiga, a veces del abuelo. Cuando me di cuenta, ella me llamaba Antônio, por ti..., las visitas se hicieron más frecuentes. Doña Efigênia me advirtió:

- ¡Cuidado, Antônio! Esta chica te va a meter en problemas. Solo viene aquí cuando estás y te mira de una manera que parece apasionada. Dios me perdone si me equivoco. Jenifer ni siquiera parece tu sobrina.

Estaba preocupado y decidí poner atención y solucionar el problema, no quería malentendidos con la familia y mucho menos con Jonas o involucramiento con chicas. Esa tarde la encontré en mi cuarto en el sanatorio.

Me saludó llamándome Antônio.

- Jenifer, ¿por qué no me llamas tío? Me da mucho placer.

- Porque no lo eres.

- ¿Tu padre lo prohibió?

- No, él ni siquiera sabe que vengo aquí.

- ¿Y por qué vienes? Este no es lugar para una jovencita.

Jenifer se sentó, cruzó las piernas y me miró provocativamente.

- Antônio, ¿debo ser más claro? ¿Quizás no entiendes? Vengo aquí porque estoy interesada en ti. ¡Te amo!

Dejé caer mi cuerpo en la silla. Mi suegra tenía razón.

Sorprendido, la miré y ella continuó:

- ¿No soy bonita? ¿No me encuentras interesante? Eres viudo y yo soltera, nada impide que nos amemos. Podemos casarnos y...

- ¡¿Estás loca?! ¡Eres mi sobrina! Tienes la edad de mi hijo mayor.

- ¡No estoy loca! ¡No soy tu sobrina! Eres el hijo adoptivo de mi abuela, no eres el hermano de mi padre, no eres mi tío. Y entonces sé que Juvenal no es tu hijo, sino mi hermano. Me gustan los hombres maduros, son más interesantes. Eres hermoso con ese cabello gris, tan amable y educado.

- "Dios mío - pensé afligido - ¿qué debo hacer?"

Luché por creer lo que escuché. Si quería vengarme de Jonas, esta era una oportunidad. ¿Venganza? No pude, al ver a Jenifer, una niña, queriendo pasar por una *femme fatale*, con la cara pintada, levantándose la falda mientras se sentaba, sonriendo provocativamente, mirándome con insistencia, sentí pena por ella. Jonas sufriría con sus hijos lo que sufrió Maurício. Y fue a él a quien pedí ayuda. "Padre mío, ¿qué debo hacer con esta niña? ¡Ayúdame, después de todo, es tu nieta!"

Me levanté, la miré seriamente y le dije:

- Jenifer, mi querida sobrina, me gustas como hija de mi hermano, nieta de mi padre. Para mí ella eres y serás siempre mi sobrina. Nunca me gustarás de otra manera. Ni siquiera eres mi tipo, eres fea, pecosa, bajita y aburrida. Renuncia a conquistarme, esto me aburre. No me interesas y si insistes voy a actuar como el buen tío que soy, me quitaré la correa y te daré una buena paliza. ¡Mocosa estúpido! Ve a amar a alguien de tu edad. ¡Estúpida!

No sé cómo tuve el coraje de decir todo esto. Empecé a hablar y me fui, odiaba ofender a nadie. Pero era preferible cortar el problema de raíz y evitar que Jenifer sufriera después. No quería, por cortesía, darle esperanza. Jenifer se puso roja, luego blanca, contuvo las lágrimas y gritó:

- ¡Ahora eres mi tío, el hermano de mi padre! ¡Pensé que eras diferente! ¡Eres un idiota, viejo!

Cerró la puerta de golpe, suspiré aliviado. Le prohibí la entrada al sanatorio y pedí ayuda a doña Efigênia, que a su manera no la dejaba esperarme más. Jenifer insistió, tres veces me acorraló en la calle y comencé a huir de ella, incluso corriendo para no tener que escucharla.

- Antônio, este amor pasa pronto, es cosa de la edad - dijo doña Efigênia -. Cálmate, solo huye de ella y ella terminó rindiéndose.

Recibí una nota de mi madre invitándome a ir a verla para una conversación privada. "Jenifer ya la envenenó." Fui, mamá me llevó al salón y hablamos a solas.

- Antônio, cuéntame qué pasó entre tú y Jenifer.

Suspiré con tristeza, como siempre ella estaría a favor de los hijos reales y ahora de los nietos. Tranquilamente, sin omitir nada, le dije. Y me sorprendió.

- Creo en ti. Actuó bien. Antônio, me di cuenta demasiado tarde de la mala educación que le di a mis hijos, especialmente a Jonas, que ahora educa a sus hijos como él fue educado. Jenifer me contó una historia diferente, vi el despecho en sus ojos, entendí que la habían despreciado. Resolveré este asunto, Jenifer ya no te molestará.

No sé la conversación que tuvieron pero, para mi alivio, Jenifer dejó de buscarme y yo hice todo lo posible para no volver a encontrarla.

La segunda hija de Jonas, Julia, estaba casada y esperaba un bebé. En el trabajo de parto, Jonas descubrió que sería complicado y su hija sufrió mucho. Reunió a sus amigos médicos y mencionaron mi nombre.

- Jonas, solo el Dr. Antônio puede ayudarte.

Mandó a buscarme al sanatorio y fui rápido. Letícia, nerviosa, me esperaba en la puerta del hospital.

- Antônio, Júlia se siente mal, ayúdala por favor.

- Voy a verla, Letícia, todo lo que sé, todo lo que pueda, lo haré para ayudarte. Cálmate.

Durante dos horas, luché contra la muerte, utilicé toda mi experiencia y mentalmente me dirigí a Maurício: "¡Ayúdanos, padre mío!"

Conmigo estaban dos médicos que, ya sin esperanza, hicieron lo que se les dije. El niño estaba sentado, había sangrado y estábamos ganando. La niña nació viva, una niña fuerte y hermosa y la hemorragia cesó, Júlia ya no corría peligro.

- ¡Doctor Antônio, usted ganó! - Dijo la enfermera.

- Todo es por Dios, hija, fue el esfuerzo de todos.

Salí cansado de la habitación, Jonas y Letícia me esperaban en el pasillo.

- Muy bien, Letícia, Júlia y la niña están a salvo.

- Gracias, si no fuera por ti... Gracias por cuidarnos.

- Siempre contesto a todos los que me llaman. Si fuera una niña pobre sin familia, haría lo mismo. Me alegro de haber ayudado a Julia, para mí todos los que necesitan medicina son iguales.

Jonas me tendió la mano.

- Gracias, Antônio. El caso estaba desesperado. Pensé que perderíamos a Julia. Eres un excelente obstetra. Le di mi mano, retirándola rápidamente.

- No me des las gracias, Jonas, no hice nada por ti. No me agradezcas solo por la educación. Sé verdaderamente agradecido, porque el que es agradecido sigue el ejemplo de su benefactor. No pierdas más tiempo, tienes todo para ser mejor obstetra que yo y siempre encontramos a alguien a quien beneficiar en nuestro camino.

Quería decirle más, pero, pensando que sería inútil, me fui con un simple saludo.

Ese día fue especial para mí, fui muy feliz. Tuve la oportunidad de vengarme de Jonas y no lo hice. Teniendo la oportunidad de hacerte bien, lo hice con cariño.

Pagué con bien, que me hizo mucho daño. Sentí por dentro que gané una prueba. Y estaba seguro que incluso él la salvaría si lo necesitaba. Después de eso, Jonas insistió en saludarme, respondí con cortesía, evitando largas conversaciones, gané un amigo, sentí que me respetaba.

# Felicidad en el bien

Mi madre desencarnó, esto me hizo separarme más de mis hermanos.

Viví para mis pacientes y mis hijos. Mis hijos eran maravillosos, nunca me molestaron, ninguno quería ir a la universidad, pero eran trabajadores y honestos. Juvenal se interesó por la madera, de empleado, con mi ayuda, pasó a ser dueño de una fábrica de muebles. José Maurício compró un pequeño almacén y se convirtió en un gran mayorista. Todos se casaron muy bien y los nietos llenaron nuestra casa.

Mi hijo menor vivía al lado, doña Efigênia y yo estábamos solos en la casa antigua y sencilla, que tanto nos gustaba. El director del sanatorio pasó el puesto a otro médico, su amigo. Joven y ambicioso, el Dr. Tadeo, asumió sus funciones, se trasladó a nuestra ciudad. Con el pretexto de modernizar el sanatorio, adoptó reglas crueles e inhumanas, como castigar a los enfermos por desobediencia. Tuvimos muchas discusiones, exigió que se cumplieran sus órdenes y yo no quería que maltrataran a los enfermos. La única razón por la que no me despidió fue porque era muy querido por muchas personas importantes de la ciudad, me debían favores. En esta ocasión pensé seriamente en dejar el trabajo en el sanatorio y volver al hospital. Pero sentí pena por los enfermos. ¿Qué sería de ellos si los abandonara? ¿Quién les daría comida en su castigo de dos días sin comida? ¿Quién los sacaría de las camisas de fuerza?

- Quédate, Antônio - dijo doña Efigênia -, si no te está siendo agradable, quédate por ellos, por sus pacientes.

Medité y oré, sentí dentro de mí la respuesta: "Haz el bien por el bien, no esperes recompensas y no esperes recibirlas, ni siquiera el reconocimiento de lo que has hecho. Ayuda y no quieras ver hasta qué punto has ayudado o que les muestres gratitud. Ahora es el momento de demostrar tu fuerza, tu confianza y tu amor a los enfermos, debes quedarte.

Fui dejado. El Dr. Tadeo a veces parecía temerme, nunca lograba mirarme a los ojos. Durante dos años permaneció en el sanatorio, donde fue odiado. Dicen que el amor sincero es un sentimiento reconocido, que sienten las plantas, los animales, los niños y los locos. Yo lo creo. Maurício y yo nunca les tuvimos miedo, los queríamos y ninguno de ellos nos hizo daño. Éramos queridos y amados por ellos, los tranquilizábamos con conversaciones sencillas, con miradas y golosinas.

En ese período fue hospitalizado un paciente, Dito, un criollo de dos metros de altura, fuerte y violento. El Dr. Tadeo lo maltrató con sus métodos inhumanos como trataba a todas las personas desobedientes y peligrosas. Hablé mucho con él, le di de comer en sus castigos, un día me dijo:

- Este doctor rubio es un demonio. El demonio debe ser asesinado para deshacerse del mal. Usted es bueno, Dr. Antônio. Pero el demonio tiene que matarse...

Dito se calmó, se volvió obediente. Sabía que su enfermedad era incurable, las mejoras eran evidentes. Pero esa no era la opinión del Dr. Tadeo.

- Dr. Antônio, usted tiene que modernizarse. Debes creer que mis métodos dan resultados, son eficientes. Dito está curado. Podría irse a casa.

Mis argumentos no sirvieron de nada, quería demostrarme que tenía razón y que había curado a Dito. Me despedí de Dito con un abrazo, le aconsejé ser sensato y amable con todos. Se rio de mí a su manera ingenua, rogué a Dios por él, para que en su libertad no hiciera daño a nadie.

El Dr. Tadeo tenía una hermosa finca en la región, era muy rico. Dos semanas después que Dito saliera del sanatorio, el Director se fue con su familia a pasar el fin de semana en su hermosa finca. Salió solo a caballo para ver las plantaciones, como tardó un rato, fue tras él y lo encontró en el suelo con Dito sentado encima.

Había atrapado al doctor Tadeo, tan fuertemente atado que le había roto varios huesos y con un cortaplumas había descuartizando su cuerpo. El Dr. Tadeo desencarnó al quedarse sin sangre.

Hicieron falta varias personas para sacarlo del Dr. Tadeo. Lo ataron, lo amarraron y lo llevaron de vuelta al sanatorio. Sentí profundamente lo que le pasó al Dr. Tadeo. Dito fue colocado en una celda especial como peligroso. Lo cuidé, no dejé que nadie lo maltratara. Tenía sus ataques y estaba furioso.

Lo tranquilizaba con conversaciones, dulces y medicinas. Me gustaba mucho, siempre repetía con una sonrisa: "¡El Dr. Antônio es bueno! ¡Me gusta el Dr. Antônio!"

Un día me dijo:

- Yo no maté al doctor rubio. ¡No fui yo! Acabo de sacar el demonio de su cuerpo. Le apliqué la medicina que dijo que me haría. ¡Eso fue todo! Dijo que la medicina era buena, como estaba enfermo, con el diablo, tenía que hacerlo curar. Yo no lo maté, ¿verdad?

- ¡No, Dito, eres un buen chico!

- ¡Dije que sí! Curé al médico rubio, ahora ya no le haré daño a nadie – soltó una carcajada.

Le creí, de hecho, probé, después de mi desencarnación, que Dito realmente pensaba así. Con la muerte del Dr. Tadeo me ofrecieron el cargo de director, la gente de la Junta me rogó que aceptara. Lo pensé unos días y no lo acepté, tendría que encargarme de la parte burocrática y ya me creía viejo y cansado.

- Estoy cuidando a los pacientes, si encontraron dos directores, que busquen uno más. Pero mientras no lo arreglaron, yo me encargué de todo. A la edad de setenta años, comencé a pensar en la muerte del cuerpo.

- Doña Efigênia, creo que es hora de donar todo lo que tengo a mis hijos, no es mucho, pero es de ellos. ¿Qué opinas?

- Hijo, haz lo que creas mejor.

Compartí todo entre ellos, dejé solo la casa en la que vivíamos a mi nombre y comencé a trabajar solo en el sanatorio, incluso dejando de hacer trabajos de parto. Había buenos médicos en el hospital y no me necesitaban. Recibí mi salario y se lo di todo a doña Efigênia que se ocupaba de las tareas de la casa, me compraba ropa, en fin, todo lo que necesitábamos. Mi suegra ayudó a varias familias necesitadas. Una señora enviudó con seis hijos pequeños y todos los meses iba a recibir una buena cantidad. A veces trabajaba en casa, a veces su hijo mayor hacía las compras para doña Efigênia o cargaba paquetes cuando ella iba de compras. Muchas veces llegaba a casa y los tutores de mi suegra me esperaban para consultarlos e incluso para recibir los medicamentos que compraba.

Mis hijos se preocupaban por nosotros, siempre decían que deberíamos vivir en una casa mejor, con más comodidad, etc. Pero éramos felices viviendo así. Un día llegué a casa y José Maurício estaba quejándose con su abuela.

- José Maurício, ¿por qué le hablas así a tu abuela? - Pregunté.

- Papá, la abuela da mucho dinero a los pobres. ¿Sabes cuánto le da al mes a una viuda?

Dijo la cantidad y esperó mi reacción. Doña Efigênia bajó los ojos.

Me acerqué tranquilamente a nuestra pequeña caja. Encima de la cómoda, desde la época de Inês, había una caja de madera en la que metíamos el dinero para los gastos. Tomé la cantidad citada y se la di, me miró asustado.

- Aquí está el dinero. Este mes la viuda no recibirá nada, yo se lo doy. Mejor uso, sin duda. La señora viuda que puede arreglárselas, irá de puerta en puerta para alimentar a sus hijos.

Ciertamente este dinero no nos quitará el sueño, los días de hambre y frío no nos llegarán a los oídos.

- ¡Papá, por favor, yo no dije eso! Nada que reclamo para mí. Pensé solo en ti. Esta casa es vieja, necesita renovación, viven sin comodidades. Mis hermanos y yo vivimos en casas mejores.

- José Maurício, entiende, tu abuela y yo somos felices así. Vives bien donde hay paz. Esta casa para nosotros es un palacio. ¿Por qué modificarlo si nos gusta así? Mil veces nosotros aquí en esta casa vieja y ustedes en casas nuevas y hermosas. Los amo y verlos bien es mi tarea cumplida.

- Disculpe, tome el dinero de la viuda, prometo no quejarme más. Mi casa es tuya, si la casa se cae, no te quedarás sin hogar. ¡También los amo! No hay mejores personas en el mundo que ustedes.

Nos abrazó, llorando. Decidieron dejarnos vivir como queríamos y ninguno de ellos se involucró más con nosotros. Asumió el nuevo director. Decidió renovar y modernizar el sanatorio. Fiestas organizadas, fondos recaudados. Los enfermos estaban bajo mi responsabilidad. Sabía que buena parte del dinero recaudado iba a parar a sus bolsillos. Pero el Dr. Marcílio fue benévolo, amplió el sanatorio, dio consuelo a los enfermos. Los internos recibieron excelente alimentación, recreación, se contrataron más sirvientes y enfermeras. Todo lo que le pedí, encontró la manera de adquirirlo. El sanatorio era como siempre lo había soñado. Una vez le insinué que sabía que se quedaba parte del dinero.

- Son comisiones, doctor Antônio. Actualmente, todo el mundo funciona así. No falta nada en el sanatorio, ¿verdad?

- No, no falta nada.

Decidí no interferir más, ya que no interfería en mi trabajo, que se quedara con sus encargos, me bastaba con que mis pacientes fueran bien tratados – pensé mucho en lo que me correspondía hacer, vigilaba mis acciones. Yo era demasiado viejo para estar en problemas, y el sanatorio nunca había sido más de mi agrado.

Siempre traté de hacer lo que era mi trabajo de la mejor manera posible, fijé mis pensamientos en lo que estaba haciendo para que se hiciera a la perfección.

El sanatorio era un modelo, un verdadero hospital de caridad. Pero estaba cansado, mi corazón inspiraba cuidados y medicación, sabía que el ritmo de trabajo tenía que bajar. Entonces, vino a nosotros el Dr. José Luiz, un médico recién graduado. Me caía bien, era bueno, caritativo, inteligente y trabajador. Conversamos mucho, intercambiando ideas, el Dr. José Luiz era espírita.

- Dr. Antônio, la enfermedad está en el alma, en el espíritu, hay que cuidar las dos partes: cuerpo y espíritu.

No me gustaba mucho hablar de religiones, todas me ayudaban a ir al Padre, yo siempre había sido católico, no iba mucho a la iglesia, pero siempre rezaba y siempre estaba agradecido. Creí y creo que son nuestras buenas obras las que nos llevan a Dios y todo lo que hice, lo hago de buena voluntad, como siendo para Dios y no para los hombres. En el sanatorio nos llamaban cariñosamente el Doctor Viejo y el Doctor Joven. José Luiz fue poco a poco haciendo todo mi trabajo. Iba todos los días al sanatorio, hablaba con los pacientes, caminaba por todos lados, sin velocidad, mi paso era lento. Gracias a Dios, el razonamiento era el mismo.

Cumplí ochenta y siete años. El día anterior, hijos, nietos y bisnietos tuvieron una hermosa fiesta para celebrar. Me acosté más tarde de lo habitual y no dormí bien, me levanté más tarde y, como siempre, fui al sanatorio. El Dr. José Luiz me estaba esperando.

- Buen día. Estaba preocupado por llegar tarde, pero aparentemente se quedó dormido.

¿Cómo está usted, Dr. Antônio?

- Bueno, hijo. Solo me siento un poco cansado, voy a descansar o mejor voy a leer un poco. ¿Todo bien? ¿Los enfermos?

- Están bien, si me necesitas, solo llámame.

Entré en la sala de recepción, tranquila a esa hora del día, me acosté en el sofá, cogí una revista y me puse a hojearla. Mi corazón estaba débil, tomé la medicina correctamente, pero sabía que mi edad era avanzada. Empecé a leer, pero como es habitual últimamente cuando leo más termino quedándome dormido. Pensé que me había quedado dormido, pero desencarné, mi corazón simplemente dejó de latir. No sentí nada, no vi nada, me desperté de buen humor.

- ¡¿Dónde estoy?! ¡Esto no es el sanatorio! ¿Qué es esta ropa?

Estaba vestido con ropa de dormir cómoda y hermosa, en una cama muy limpia, me levanté y miré todo.

- ¡Esta es una habitación! Estoy en un hospital, esta ropa debe ser de ellos. ¡Qué habitación tan grande y hermosa! Debo haberme sentido mal y el Dr. Luiz me llevó a un hospital.

Una gran ventana estaba del lado izquierdo de la cama, la abrí y quedé encantado. La vista daba a un cuidado y hermoso jardín, donde varias personas paseaban conversando animadamente.

Cuando desencarnamos somos llevados a donde merecemos estar. Los hospitales en el plano espiritual tienen enormes pabellones donde se trata a la mayoría desencarnada. Antônio mereció ser atendido en una de sus salas, donde se recuperan sin encontrarse enfermos.

Me hablé a mí mismo:

- No conozco este hospital. ¿Dónde será? No, en el barrio no está, conozco a todos.

¡Qué desperdicio comprometerme aquí! Esto solo puede ser idea del Nuevo Doctor, ¡se preocupa tanto por mí! Quiero ver si una máquina o un tratamiento podrán hacer que mi corazón funcione como nuevo. ¡Este lugar debe ser caro! Solo a José Luiz se le ocurriría gastar dinero en un viejo como yo.

Me senté en la cama, pensando que era hermoso, y conté los latidos de mi corazón.

- ¡Normal! ¡Guau!

Los golpes eran fuertes y rítmicos, continué mi monólogo.

- ¡Pues! ¡No es que el Dr. José Luiz tenga razón! ¡Estoy muy bien! ¡Estoy listo! - Me levanté -, ¿podría? Es mejor llamar a alguien.

Llamé al timbre que estaba en la cabecera de la cama y esperé un momento, luego una enfermera amable y sonriente entró a la habitación.

- ¿Necesita algo, señor?

- No gracias, bien. Quería ver al médico que me trató. Por favor, dile que venga a verme cuando pueda. Espero conocerlo y agradecerle. Debe ser un excelente médico.

- Sí, señor.

- ¿Puedo levantarme?

- Sí, siéntete libre.

Se fue, luego me trajeron un caldo que bebí sin hambre, encontrándolo diferente con sabor a hierbas.

- ¡Debe ser la dieta! Me acordé de mi suegra.

Si no la dejan verme, habrá un escándalo.

Le pediré este favor al médico.

- ¡Buen día!

Era el médico, amable y sonriente, me estrechó la mano, me gustó y siguió hablando.

- ¿Cómo está usted, Dr. Antônio? ¿Querías hablar conmigo? ¿Estás disfrutando aquí?

- Estoy muy bien, gracias. ¿Con quién tengo el honor de hablar?

- Saulus, tu amigo.

- Quiero darle las gracias, Dr. Saulus, y pedirle un favor. No me gusta tener prebendas, pero mi suegra, mayor que yo, noventa y un años, imagínate, seguro que me quiere ver, me gustaría que se lo permitiera. Nos amamos como madre e hijo.

- Perfectamente.

- Gracias. ¿Qué tipo de tratamiento me diste? Me siento bien y la mejoría fue rápida

.- ¿Curioso, Dr. Antônio?

- Es que tengo muchos pacientes, sería maravilloso aplicárselo a ellos también. Siempre me ha gustado la innovación, me encanta la investigación. No tenía tiempo para hacerlos, pero nunca dejé de interesarme por ellos. ¡Este tratamiento es fantástico! Quería, si era posible, aprender.

- Por supuesto que será un placer. Ya habrá tiempo para esto, mucho tiempo.

- Dr. Saulus, no lo diga con convicción, ya tengo ochenta y siete años.

- Ahora, tengo que irme. ¡Hasta luego! - dijo sonriendo. Minutos después, la enfermera anunció una visita.

- ¡¡¡Doña Efigênia!!! Yo la abracé. ¿Como está, señora? ¿Quién lo trajo?

- Estoy bien, muy bien. Me trajeron, la gente que trabaja aquí. Este lugar es hermoso, ¿eh? ¿Como esta mi hijo? Cuando dijeron que estabas durmiendo en el sanatorio, no lo creí, estaba enojado y nervioso. Te deseaba y me puse a llorar, los chicos no sabían que hacer para complacerme.

Inmediatamente sospeché, nunca te ibas sin avisar. Oré mucho y le pedí a Jesús para poder verlo y aquí estoy. Gracias a Dios, lo veo bien. Me quedaré aquí contigo.

- Doña Efigênia, esto es un hospital, no sé si puede quedarse conmigo. ¿Quién te trajo?

- Ellos, te lo dije - Doña Efigênia a veces se confundía.

Debería haber sido uno de mis nietos.

Hablamos sobre la belleza del jardín, la gente agradable que trabajaba en el hospital.

- Parece que no tienen ningún problema, siempre están sonriendo – dijo.

Una enfermera vino a buscarla.

- Hasta luego, hijo mío, me quedo en la habitación de al lado. Le pregunté a la enfermera en voz baja si era cierto.

- Sí, doña Efigênia está en la habitación de al lado.

Estaba confundido y preocupado. ¿Doña Efigênia también estaba enferma? Se veía tan bien. Llamé a la enfermera y vino el Dr. Saulus, sonriendo.

- Dr. Antônio, ¿le gustó la visita?

- Sí mucho. No lo esperaba tan pronto. ¿Quién trajo aquí a doña Efigênia? ¿Y por qué la dejaron? Estoy preocupado, este hospital debe ser caro, no tengo dinero, vivimos de mi salario. No quiero que mis hijos, que ya son mayores, carguen con los gastos. Por favor, ¿dónde está este hospital? Conozco la zona y...

- El dinero no debería ser una preocupación. Todo es gratis.

- ¡Ufá! ¿Incluso aquellos atendidos en habitaciones como esta? ¿En serio? ¡Menos mal! Pero ¿dónde está? Nunca había oído hablar de un hospital así.

- Es el Hospital Fraternidad, está en la Colonia del Divino Amor.

- ¿¡Qué!? Nunca he oído nada parecido. ¿En qué ciudad?

- En el plano espiritual. Dr. Antônio deje las preguntas para más tarde. Aquí hay alguien que no lo ha visto en mucho tiempo, deseando abrazarlo.

Abrió la puerta y entró Maurício sonriendo, tendiéndole las manos.

- ¡Ayúdame, Dios mío!

Lo miré asustado y temblando de miedo. Maurício, al ver mi reacción, se fue y Saulus vino hacia mí, me puso las manos en la cabeza y me durmió con pases. Cuando desperté, me senté rápidamente en la cama y recordé todo:

- ¡Dios mío! – pensé –. No estoy en un hospital, estoy en un sanatorio. ¿Dónde está este sanatorio? Parece bien administrado, limpio y organizado. No escuché ni un grito ni un gemido. Saulus no es médico, está loco. Quién sabe, a lo mejor se escapó y se hace pasar por médico. ¡Hospital en el espacio! ¡Imagínese! No hay nada en el espacio, solo atmósfera. Dios mío, y ese otro, cómo se parece a mi papa! ¡Que locura! ¿Creen que me he vuelto loco y me han metido en un manicomio? Entonces, ¿por qué no me dejaron entrar en el mío?

Caminé por la habitación, me senté, me levanté y recordé que el Dr. José Luiz y yo habíamos comentado hace mucho tiempo una tesis que la locura podía ser contagiosa.

Me reí mucho, pero ahora no era divertido en absoluto.

- ¿Pasé tanto tiempo con los pacientes que creen que me he vuelto loco? - Lentamente abrí la puerta -. ¡No está cerrada! - Exclamé.

El pasillo estaba vacío de gente, parecía demasiado grande y muy limpio.

Abrí la puerta de al lado que también estaba abierta.

La habitación estaba vacía.

Encima de la mesa había una foto de mi suegra con sus nietos[2], lo que me aseguraba que ella se quedaría allí, ya que doña Efigênia nunca dejaba esa foto, llevándosela dondequiera que iba. Volví al pasillo.

- ¡Al menos no soy un prisionero en la habitación!

Observé que todas las habitaciones tenían las puertas abiertas. Bajé por el pasillo y entré en un gran salón. Todos los que pasaban me saludaban con una sonrisa, respondí sospechosamente.

---

[2] La fotografía fue tomada para beneficio o placer de doña Efigênia. Aquí en el plano espiritual se pueden moldear copias perfectas de cualquier objeto material. Para esto, solo necesitas saber. A doña Efigênia le gustaba mucho esta foto y siempre la guardaba con ella. Aceptó y entendió la desencarnación más fácil y rápido que Antônio.

- Debe ser difícil escapar de este sanatorio. Confían demasiado como para dejarlo todo abierto.

- ¡Buen día! ¿Cómo está?

- ¡Buen día! - Murmuré y pensé -. ¿Será esto una locura? No lo creo...

Llegué al patio sin dificultad y salí al jardín. Me enamoré del lugar, árboles maravillosos, flores fragantes, el cielo muy azul, aire suave y agradable. Me distraje y choqué con un caballero. Me disculpé apresuradamente, pensando que me iba a regañar. Pero me miró sonriendo.

- Encantado con tantas bellezas? ¿Eres nuevo aquí? ¿Cuándo llegaste?

- Soy nuevo, si. Es realmente hermoso aquí. Dígame, señor, ¿está usted internado aquí? ¿Que tiene?

- Gracias a Dios estoy hospitalizado aquí. Tenía, señor. Tuve una angina que me desencarnó. Estoy casi bien. El lunes empezaré a trabajar.

- Tengo prisa, hasta luego.

Caminé tan rápido como pude. ¡Otro loco! ¡Se veía tan bien! Caminé por el jardín buscando a mi suegra, temiendo no encontrarla.

- Si me voy, no puedo dejarla aquí. ¿Podré salir de aquí?

Suspiré aliviado cuando la vi sentada en un banco hablando con dos señoras. Fui a su encuentro y le dije angustiado:

- Doña Efigênia, ¡Gracias a Dios que la encontré! ¡Buenos días señoras! Me disculpan, necesito hablar en privado con mi suegra.

Las dos amables señoras respondieron a mi saludo, se levantaron y se fueron, levanté a doña Efigênia del banco y le susurré al oído.

- ¡Doña Efigênia, tenemos que salir rápido de aquí! Estamos en un lugar peligroso, en un sanatorio donde se da de alta a los pacientes. Me han tratado bien hasta ahora ¿y a ti?

- Muy bien, me siento genial.

- Esto es lo que más me llama la atención. ¡Vamos!

- ¿Dónde? ¿Ya sabes cómo salir?

- No lo sé, pero lo descubro. ¿Sabes cómo salir?

- ¡¡No!!

- Ven conmigo, encontraré la manera. ¡Imagina que creen que están en el espacio, que están muertos! ¡Es una locura total!

- ¡Cálmate, hijo mío! ¡Tranquilo, Antônio! Nadie está loco. ¡Es verdad! Tú y yo estamos muertos. Tú, tan activo, estudiado, ¿todavía no entiendes? Aquí dicen que desencarnamos, es lo mismo.

- ¡¿Doña Efigênia, usted también?! ¿Morí? Pero ¿cómo? ¡No lo sentí, no lo vi!

- ¿Es necesario? Murió y ya está. Antônio, piénsalo, ¿qué hacías ahí en el sanatorio?

- ¿Yo?... No me sentía bien, mi corazón estaba débil y sé que podría parar en cualquier momento. Tenía dolor en el pecho, en las piernas, decidí descansar y dormir, creo.

- No te sentías bien y ahora ¿cómo te sientes?

- Muy bien, sin dolor y con el corazón normal. Será mejor que hablemos más tarde, encontraremos la manera de irnos.[3]

- ¡Antônio, no me hagas sentir vergüenza! Comprende pronto. Moriste, tu cuerpo murió, ahora vives en espíritu. ¿No sabes que es eterno?

- Somos eternos. Pero, la muerte no es así. Hay que morir, ver a Dios, ser juzgado...

- Hijo, la muerte del cuerpo es algo natural, sin estas complicaciones. Tú moriste y, cuatro días después, yo morí de un

---

[3] Nota del Autor: El periespíritu es una copia idéntica del cuerpo material o viceversa. Especialmente los recién desencarnados sienten una fuerte impresión de la materia, como el dolor, las sensaciones y, como Antônio, el corazón, órgano que lo preocupaba porque lo encontraba debilitado.

infarto. Has estado durmiendo durante siete días. ¡Ya era hora que entendieras! ¡Mira allá! El Dr. Maurício, tu padre, una persona muy amable, hablamos mucho. ¡Antônio, no me digas que le tienes miedo!

- ¡Le tengo! ¡Dios mío, lástima! Si estoy siendo castigado, líbrame de este castigo. ¡Intentaré ser mejor! Yo no soy malo líbrame de pasar por loco, después de viejo. ¿Podrían ser todo esto delirios? Dios mío, siempre he sido amigo de los enfermos, los cuidé bien. Si no estuve mejor, perdóname.

Hablaba rápido, imploraba con los ojos fijos en el maravilloso cielo de la Colonia.

- ¡Antônio, deja de lloriquear! ¡Detente ya! ¡Doctor Maurício! - Gritó, agitando la mano.

- ¡Vea a su hijo Antônio aquí! ¡Ven a abrazarlo!

Me quedé allí sintiendo que mi corazón latía rápido y mis piernas temblaban, pensé: "¡Si no morí, me muero ahora!"

Maurício llegó lentamente, sonriendo. Observé a mi padre, amigo de tantas existencias, de errores y aciertos. Rápido como en una película, vi mi cuerpo dormido en el sofá del sanatorio. Vi al Dr. José Luiz entrar en la habitación y examinarme, me vi frío, sin vida, vi a mi amigo y colega llorar diciendo:

"Dr. Antônio falleció, tuvimos una gran pérdida. Alegrías en el plan espiritual por un tiempo justo ¡hombre!"

Vi a mis hijos, nietos, bisnietos, amigos, antiguos clientes llorando alrededor de mi cuerpo. Vi mi entierro con innumerables personas y muchas flores.

Maurício estaba frente a mí.

- No quiero asustarte hijo mío. Es un placer tenerte aquí con nosotros.

Las lágrimas corrían por mis mejillas, me refugié en sus brazos amorosos. Nos abrazamos, anhelantes y felices.

# Epílogo

- En estas encarnaciones mías - concluyó Antônio - donde cometí errores, sufrí y aprendí, no hay retroceso, la lección cuando aprendida se vivifica en nuestras acciones, si no aprendemos, la posibilidad de volver a equivocarnos es grande. Remoto. Con la apariencia de un anciano, tenía una sensación de cansancio y lentitud, solo una impresión, el espíritu es ágil y sin edad. Leyendo los Evangelios, reflexioné mucho sobre lo que dijo Jesús: "*Y conoceréis la verdad, y la verdad os hará libres.*" Sentía que aun con mis errores, necesitaba saber, saber para poder progresar. desencarnado, fue porque no sabía, no entendía. Vine a aprender a ser útil en este Centro Espírita, cumpliendo mi sueño de tener conocimiento. Sé que puedo hacer mucho por la Ciencia, solo tengo esforzarse, estudiar, investigar, respetando todo y a todos.

Maurício intervino sonriendo.

- Tuvimos y tenemos muchas oportunidades con las encarnaciones, pero hay que querer progresar, ahora, en este momento, no debemos dejarlo para hacer en el futuro. Es necesario detenerse, pensar y asimilar lo aprendido y empezar a vivirlos. Porque aquí, en este Centro Espírita, en la Doctrina Espírita, hemos aprendido mucho, pero no basta decir que estas lecciones son verdaderas y maravillosas. Para tener éxito, debemos hacer exactamente lo que se nos enseña. Mirar la comida en un plato y decir que está buena no satisface el estómago, hay que comerla (Evangelio de Juan, VIII, 32). De la misma manera, no basta leer o escuchar las enseñanzas de los Evangelios, es necesario vivir como Jesús nos enseñó.

Mis amigos fueron llamados a socorrer en una de las salas del Puesto de Socorro del Centro Espírita, los acompañé. En una cama yacía una dama desencarnada por un accidente, su periespíritu estaba todo magullado. Extendió su mano izquierda, menos herida, implorando con los ojos, dijo:

- ¡Ay, ay, me muero de dolor, ayúdame!

- ¡Cálmate hija, cálmate! Eleva tus pensamientos a Jesús, imagínalo sanándola.

Las dos facultativas caritativas la calmaron, ya tenía sueño repitiendo:

- ¡Ayúdenme! ¡Ayúdenme...!

Hasta que se durmió y empezó a recomponer su periespíritu. Salí de la sala y me detuve en el pasillo. Era hora de partir, las tareas me esperaban en otra parte. Pensé en agradecer a los amigos que con paciencia me atendieron, pasé horas agradables escuchándolos en sus relatos de errores y sufrimientos, aciertos y alegrías. Pero estaban trabajando, ejerciendo el don de aliviar el dolor de la manera más pura, por amor. Maurício y Antônio aman la medicina como tantos otros, pero es una profesión lucrativa, comerciando con el dolor y lucrando en nuestro mundo.

Es justo tener tu remuneración en el trabajo, pero que no haya abuso ni discriminación entre pacientes. Porque somos lo que construimos y los frutos que plantamos son nuestros, que pueden ser dulces y agradables o ácidos y amargos. El salón silencioso en ese momento todavía resonaba con la voz fuerte, agradable y sincera del orador encarnado. Recordé las partes más hermosas de la charla de la sesión anterior:

- "Estamos aquí reunidos en nombre de Dios, hacemos tantos actos en su nombre, vestimos desnudos, llenamos estómagos, actos fáciles de hacer, dignos y humanos, pero también debemos cambiar interiormente. Habiendo cumplido con nuestro deber como cristianos no significa amar, realmente necesitamos aprender a amar a Dios, tantas veces cuando sufrimos, podemos pensar incluso que no lo merecemos o que somos impotentes, tantas, por cumplir con las obligaciones de los cristianos, encuentran en el crédito y tratan de chantajear con externo a la Divinidad para obtener facilidades. Pero cuando amamos de verdad, todas las criaturas son objeto de nuestro amor, y no debemos esperar recompensa alguna. Jesús fue torturado y asesinado, ¿será que sus discípulos y familiares no se sintieron desilusionados o impotentes? Principalmente porque sabían que Él no solo hacía la voluntad de Dios, sino que amaba a todo y a todos de la manera más pura. Todo tiene su razón de ser. Ante el sufrimiento, seamos fuertes y confiados y tendremos lecciones que sabiamente nos alertarán a la corrección y nos impulsarán hacia el progreso. Si desilusionados o sintiéndonos impotentes, dejamos de hacer lo que nos corresponde hacer el bien, es dar la victoria a las tinieblas, es dejar de caminar, es dejar de hacer. Aquellos que pueden hacer el bien, de cualquier manera, y no lo hacen, crean deudas. Que el sufrimiento sea nuestro estímulo para mejorar y que podamos sembrar la mejor de las semillas para producir mejores y dulces frutos."

Aprendemos grandes verdades en los Centros Espíritas, guiados por eruditos y personas conscientes de su deber cristiano. Ya no estaba solo en el pasillo, un obrero novicio rezaba sentado en un rincón. Me llamó la atención por su rostro suave y porque estaba concentrado en su oración. Sin querer ser intrusivo, escuché su oración sincera:

- "Bendito sea el Señor, consolador de mis "ayes" y de mis sufrimientos. Bendita sea la ayuda que se me concede, pobre espíritu endeudado y pecador. ¡Tengo todo que agradecer, porque recibí mucho! Te agradezco, Señor, por estar en esta casa de ayuda y de amor, por ser cobijado y guiado. Sé complaciente conmigo, Señor, que fracasé en la peregrinación de la carne. Dame la buena voluntad de aceptar sabiamente la lección del dolor y del sufrimiento, para aprender a sostener las obligaciones del futuro. Dame el coraje para cambiar mis arraigados hábitos adictivos. Vertí mis heridas y rencores en alegrías y resistencias. Ilumíname para comprender mejor tus leyes de amor y caridad, para elevarme al progreso. Me encuentro apto para tus enseñanzas, dame el entendimiento, la fuerza para sanar mi dolor y pasar de ser auxiliado a auxiliador. ¡Que así sea!"

Ahora, con mayor comprensión, leo de nuevo las palabras en la pizarra:

"Alabado sea el Señor por las oportunidades de enmendar nuestros errores." (Amanis) Recordando los dichos de un amigo, que en toda buena historia se aprenden lecciones útiles, me fui feliz al patio. El Sol, nuestro astro rey, comenzaba a asomar lentamente por el horizonte, tiñendo de rojo el cielo.

Me fui feliz.

FIN

## Grandes Éxitos de Zibia Gasparetto

Con más de 20 millones de títulos vendidos, la autora ha contribuido para el fortalecimiento de la literatura espiritualista en el mercado editorial y para la popularización de la espiritualidad. Conozca más éxitos de la escritora.

### Romances Dictados por el Espíritu Lucius

La Fuerza de la Vida

La Verdad de cada uno

La vida sabe lo que hace

Ella confió en la vida

Entre el Amor y la Guerra

Esmeralda

Espinas del Tiempo

Lazos Eternos

Nada es por Casualidad

Nadie es de Nadie

El Abogado de Dios

El Mañana a Dios pertenece

El Amor Venció

Encuentro Inesperado

Al borde del destino

El Astuto

El Morro de las Ilusiones

¿Dónde está Teresa?

Por las puertas del Corazón

Cuando la Vida escoge

Cuando llega la Hora

Cuando es necesario volver

Abriéndose para la Vida

Sin miedo de vivir

Solo el amor lo consigue

Todos Somos Inocentes

Todo tiene su precio

Todo valió la pena

Un amor de verdad

Venciendo el pasado

**Otros éxitos de Andrés Luiz Ruiz y Lucius**

Trilogía El Amor Jamás te Olvida

La Fuerza de la Bondad

Bajo las Manos de la Misericordia

Despidiéndose de la Tierra

Al Final de la Última Hora

Esculpiendo su Destino

Hay Flores sobre las Piedras

Los Peñascos son de Arena

**Otros éxitos de Gilvanize Balbino Pereira**

Linternas del Tiempo

Los Ángeles de Jade

El Horizonte de las Alondras

Cetros Partidos

Lágrimas del Sol

Salmos de Redención

**Libros de Eliana Machado Coelho y Schellida**

Corazones sin Destino

El Brillo de la Verdad

El Derecho de Ser Feliz

El Retorno

En el Silencio de las Pasiones

Fuerza para Recomenzar

La Certeza de la Victoria

La Conquista de la Paz

Lecciones que la Vida Ofrece

Más Fuerte que Nunca

Sin Reglas para Amar

Un Diario en el Tiempo

Un Motivo para Vivir

¡Eliana Machado Coelho y Schellida, Romances que cautivan, enseñan, conmueven y pueden cambiar tu vida!

# Romances de Arandi Gomes Texeira y el Conde J.W. Rochester

El Condado de Lancaster

El Poder del Amor

El Proceso

La Pulsera de Cleopatra

La Reencarnación de una Reina

Ustedes son dioses


## Libros de Marcelo Cezar y Marco Aurelio

El Amor es para los Fuertes

La Última Oportunidad

Nada es como Parece

Para Siempre Conmigo

Solo Dios lo Sabe

Tú haces el Mañana

Un Soplo de Ternura

# Libros de Vera Kryzhanovskaia
# y JW Rochester

La Venganza del Judío

La Monja de los Casamientos

La Hija del Hechicero

La Flor del Pantano

La Ira Divina

La Leyenda del Castillo de Montignoso

La Muerte del Planeta

La Noche de San Bartolomé

La Venganza del Judío

Bienaventurados los pobres de espíritu

Cobra Capela

Dolores

Trilogía del Reino de las Sombras

De los Cielos a la Tierra

Episodios de la Vida de Tiberius

Hechizo Infernal

Herculanum

En la Frontera

Naema, la Bruja

En el Castillo de Escocia (Trilogía 2)

Nueva Era

El Elixir de la larga vida

El Faraón Mernephtah

Los Legisladores

Los Magos

El Terrible Fantasma

El Paraíso sin Adán

Romance de una Reina

Luminarias Checas

Narraciones Ocultas

La Monja de los Casamientos


**Libros de Elisa Masselli**

Siempre existe una razón

Nada queda sin respuesta

La vida está hecha de decisiones

La Misión de cada uno

Es necesario algo más

El Pasado no importa

El Destino en sus manos

Dios estaba con él

Cuando el pasado no pasa

Apenas comenzando

## Libros de Vera Lúcia Marinzeck de Carvalho y Patricia

Violetas en la Ventana

Viviendo en el Mundo de los Espíritus

La Casa del Escritor

El Vuelo de la Gaviota

## Vera Lúcia Marinzeck de Carvalho y Antônio Carlos

Amad a los Enemigos

Esclavo Bernardino

la Roca de los Amantes

Rosa, la tercera víctima fatal

Cautivos y Libertos

Deficiente Mental

Aquellos que Aman

Cabocla

El Ateo

El Difícil camino de las drogas

En Misión de Socorro

La Casa del Acantilado

La Gruta de las Orquídeas

La Última Cena

Morí, ¿y ahora?

Las Flores de María

Nuevamente Juntos

## Libros de Mônica de Castro y Leonel

A Pesar de Todo

Con el Amor no se Juega

De Frente con la Verdad

De Todo mi Ser

Deseo

El Precio de Ser Diferente

Gemelas

Giselle, La Amante del Inquisidor

Greta

Hasta que la Vida los Separe

Impulsos del Corazón

Jurema de la Selva

La Actriz

La Fuerza del Destino

Recuerdos que el Viento Trae

Secretos del Alma

Sintiendo en la Propia Piel

# World Spiritist Institute